カラー

高校の情報Iが1冊でしっかりわかる問題集

わかりやすい授業に
定評のある情報教育のプロ

体験型授業で本質を理解させる
新進気鋭の情報講師

鎌田高徳、御家雄一 ＝編著

かんき出版

はじめに
インプット＋アウトプットで、力が身につく！

本書を手にとっていただき、誠にありがとうございます。

前作『高校の情報Ⅰが1冊でしっかりわかる本』は、生徒と先生の会話を読みながら、情報Ⅰの基礎をインプットできるつくりでした。対して今回の『高校の情報Ⅰが1冊でしっかりわかる問題集』では、**左ページに要点のまとめ、右ページに練習問題**という、インプットとアウトプットを合わせたつくりにしました。

私は「情報」という教科で**「問題を解決する能力」を効率よく身につける上で重要なのは、インプットとアウトプットのバランス**だと思っています。ここでいうインプットは、教科書を読んだり、人の話を聞いたり、授業動画を視聴したりして「情報を入れる」ことです。一方のアウトプットとは、学んだことを人に説明したり、発表スライドを作成したり、問題を解いたりして「情報を出す」ことです。

私の授業は、**インプットとアウトプットのバランスを3対7ぐらいの割合**にしています。50分の授業の中で、私が授業のねらいや活動内容の説明、授業の振り返りなどを説明する時間（生徒がインプットする時間）は15分程度です（これでもまだ長いと思っています）。残りの35分は、生徒が私の説明した内容や、資料や教科書を活用しながらアウトプットする時間です。

以前の勤務校でオンライン学習サービスを導入したときの話です。生徒たちは年間のログイン率（利用頻度）が2年連続で全国1位になるほど活用してくれました。その際、授業動画をたくさん視聴し、十分なインプットの時間を確保したにもかかわらず学力が伸び悩んだ生徒がいましたが、その生徒は授業動画で学んだことを活用する時間、つまり**問題を解くようなアウトプットの時間を十分に確保していませんでした。そうした生徒に、インプット後に問題集を解くように促すと、着実に学力が向上していきました。**

皆さんは、学校の定期試験の対策のため、あるいは共通テスト対策のために本書を手に取られたと思います。ぜひとも本書を活用し、学校でインプットした内容をアウトプットし、問題を解決するために必要な学力を定着させてください。

「情報」という教科の最大の魅力は、学んだことが日常生活ですぐに役に立つところです。皆さんがテスト等でよい点をとるだけではなく、教科「情報」を学んで身につけた力が、将来、社会に出たときに役に立ったと実感できるようなアウトプットになることを、願っています。

鎌田高徳

本書の使い方

1 このテーマの重要なポイントだけを
ギュッとまとめています。

2 練習問題です。
解答例は P130 〜 136 にあります。

3 プラスαのポイントや豆知識です。
本文の内容の具体例などをあげているので、理解が深まります。

4 PART の最後に、より実践に近いチャレンジ問題を用意しました。
実力チェックのために、解いてみましょう。

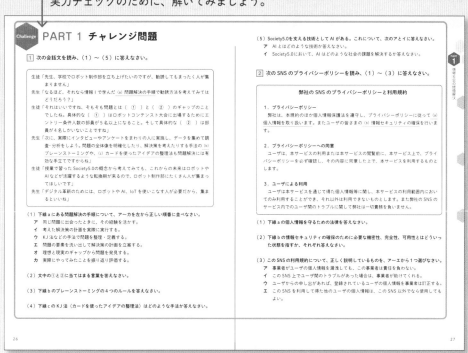

もくじ

はじめに ⋯⋯⋯⋯⋯⋯⋯⋯⋯⋯⋯⋯ 2

本書の使い方 ⋯⋯⋯⋯⋯⋯⋯⋯ 3

PART 1
情報社会の問題解決

1 情報とメディアの特性 ⋯⋯ 6

2 情報モラルと個人の責任 ⋯ 8

3 問題解決の流れ ⋯⋯⋯⋯⋯ 10

4 発想法 ⋯⋯⋯⋯⋯⋯⋯⋯⋯⋯ 12

5 個人情報と個人情報保護法 ⋯ 14

6 知的財産権
（著作権と産業財産権） ⋯⋯ 16

7 不正アクセス禁止法 ⋯⋯ 18

8 情報セキュリティ ⋯⋯⋯⋯ 20

9 情報技術の発展 ⋯⋯⋯⋯⋯ 22

10 情報技術の課題と未来 ⋯⋯ 24

PART 1 チャレンジ問題 ⋯⋯ 26

PART 2
情報デザインと
コミュニケーション

1 メディアの変化 ⋯⋯⋯⋯⋯ 28

2 コミュニケーションとインターネット
⋯⋯⋯⋯⋯⋯⋯⋯⋯⋯⋯⋯⋯⋯⋯ 30

3 情報伝達技術の発展 ⋯⋯ 32

4 アナログとデジタル ⋯⋯ 34

5 2進法と16進法 ⋯⋯⋯⋯⋯ 36

6 2進法の計算 ⋯⋯⋯⋯⋯⋯ 38

7 文字のデジタル化 ⋯⋯⋯ 40

8 音のデジタル化 ⋯⋯⋯⋯⋯ 42

9 画像のデジタル化 ⋯⋯⋯ 44

10 動画のデジタル化 ⋯⋯⋯ 46

11 データの圧縮 ⋯⋯⋯⋯⋯⋯ 48

12 情報デザイン ⋯⋯⋯⋯⋯⋯ 50

13 ユニバーサルデザイン ⋯ 52

14 デザイン思考に沿った
情報デザインの制作の流れ ⋯ 54

PART 2 チャレンジ問題 ⋯⋯ 56

PART 3
コンピュータと
プログラミング

1 コンピュータの構成とハードウェア
⋯⋯⋯⋯⋯⋯⋯⋯⋯⋯⋯⋯⋯⋯⋯ 58

2 ソフトウェア ⋯⋯⋯⋯⋯⋯ 60

3 CPUとメモリ ⋯⋯⋯⋯⋯⋯ 62

4 演算の仕組み ⋯⋯⋯⋯⋯⋯ 64

5 アルゴリズムのつくりと表現 ⋯ 66

6 アルゴリズムの表現方法 ⋯ 68

7 変数と演算① ……………… 70

8 変数と演算② ……………… 72

9 変数と演算③ ……………… 74

10 配列とリスト ……………… 76

11 乱数と関数 ……………… 78

12 モデル化 ……………… 80

13 モデル化とシミュレーション① …… 82

14 モデル化とシミュレーション② …… 84

15 モデル化とシミュレーション③ …… 86

16 モデル化とシミュレーション④ …… 88

　　　PART 3 チャレンジ問題 …… 90

9 データベース ……………… 108

10 データベース管理システムと
　　データモデル ……………… 110

11 データの形式 ……………… 112

12 データの関係 ……………… 114

13 量的データの分析手法① …… 116

14 量的データの分析手法② …… 118

15 量的データの分析手法③ …… 120

16 量的データの分析手法④ …… 122

17 統計的検定 ……………… 124

18 テキストデータの分析 …… 126

　　　PART 4 チャレンジ問題 …… 128

PART 4
情報通信ネットワークと
データの活用

1 ネットワークの構成 ……………… 92

2 さまざまな接続形態 ……………… 94

3 プロトコルとIP ……………… 96

4 データ転送の仕組み ……………… 98

5 ネットワークのセキュリティ …… 100

6 共通鍵暗号方式と公開鍵暗号方式
　　……………………………… 102

7 暗号化と認証技術 ……………… 104

8 情報システム ……………… 106

練習問題&チャレンジ問題　解答例
……………………………………… 130

意味つき索引 ……………… 137

おわりに ……………… 143

装丁 ● Isshiki　図版作成 ● 熊アート
本文デザイン ● 二ノ宮匡（ニクスインク）
本文DTP ● 畑山栄美子（エムアンドケイ）
編集協力 ● アート工房

注記

●重さを表すkg（キログラム）や長さを表すkm（キロメートル）のように、k（キロ）のkは1000倍を表します。1000kB=1MBは、国際単位系（SI）に則っていますが、書籍によっては過去の慣習に則って1024kB=1MBとしていることもあります。国際規格に則るか、過去の慣習に則るかが分かれる場合があるため、媒体ごとに注意が必要です。本書では国際規格に則り、1000kB=1MBとします。

●本書に記載されている製品名、サービス名、会社名等は、一般に各社の登録商標または商標です。本書では®、™マークは省略しています。

●本書の記述範囲を超えるご質問（解法の個別指導依頼など）につきましては、お答えいたしかねます。あらかじめご了承ください。

情報社会と情報モラル

情報とメディアの特性

1 情報とデータの違い

データは、単なる判断の基礎となる客観的な資料や事実です。データ自体は意味を持たないと考えることができます。

データに意味を付加することによって、「情報」になります。情報は、わたしたちの行動や意思決定の判断材料となるもので、意味や価値のある内容といえます。

▶DIKWピラミッド

知恵
知識
情報
データ

2 情報の特性（残存性、複製性、伝播性）

情報は、「もの（実体）」と違い、触れる形がありません。また、「もの」は伝わると元の所有者の手元からその「もの」は消えますが、情報は元の所有者の手元（記憶や記録）にも残ります。さらに、情報は簡単に複製できるので、短時間で広範囲に伝わります。

残存性

情報は完全に消えない
（元が消えてもコピーは残る）

複製性

短時間で大量に複製できる
（コピーが簡単）

伝播性

あっという間に広がる

3 メディア分類（表現、伝達、記録）と例

メディアとは、情報を伝達する手段や媒体のこと。メディアの特性を踏まえて、情報を的確に扱う必要があります。情報技術の発達にともない、メディアは年々進化しています。

● 表現メディア…情報を五感で受け取れるように表現するものやこと。
● 伝達メディア…表現したものやことを伝達したり通信したりするために使われるもの。
● 記録メディア…表現したものやことを記録や蓄積するために使われるもの。

表現メディア

画像、文字、音声、動画など

伝達メディア

電話、テレビ、Web、メールなど

記録メディア

DVD、USBメモリ、
クラウドストレージなど

練習問題

※解答例は P130 〜 136に掲載。

❶「情報」と「データ」について説明しているものを、それぞれ1つずつ選びましょう。

ア 判断を下したり行動を起こしたりするために必要なもののこと

イ 情報を伝達する手段や媒体のこと

ウ 判断の基礎となる客観的な資料や事実のこと

エ 形がなく、複製が簡単であり、瞬時に伝わる性質のこと

❷ 情報の特性の説明として誤っているものを1つ選びましょう。

ア 複製性とは、メディアなどに容易にコピーできる性質のことをいう。

イ 残存性とは、使ったあとはなくなってしまう性質のことをいう。

ウ 伝播性とは、メディアを通して広く伝わる性質のことをいう。

❸ 次のA〜Cのメディアの具体例を表現する図として適当なものを、あとのア〜カからそれぞれ当てはまるものをすべて選びましょう。

A 記録のためのメディア **B** 表現のためのメディア **C** 伝達のためのメディア

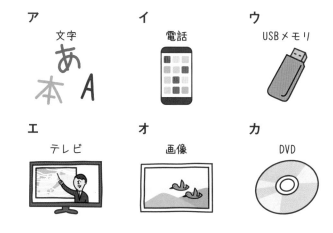

❹ 次の文章の①〜⑥に当てはまる言葉を書きましょう。

（ ① ）とは、判断の基礎となる客観的な資料や事実のことをいい、（ ② ）とは、人にとって意味や価値のある（ ① ）や知識のことをいう。

また、（ ② ）はものとしての形がない。そのため、その特性として、使ったり他者に渡したりしてもなくならない性質〔（ ③ ）〕、複製が簡単な性質〔（ ④ ）〕、Webなどを通じて瞬時に伝わる性質〔（ ⑤ ）〕が挙げられる。

情報を伝達する手段や媒体のことを（ ⑥ ）といい、文字や映像などの表現手段、電話やWebなどの伝達手段、USBメモリやクラウドストレージなどの記録手段がある。

ひとこと
ポイント！ "鍵アカウント"のSNS投稿だとしても、情報の伝播性はなくなりません。

2 情報社会と情報モラル
情報モラルと個人の責任

1 情報モラルとは

インターネットで SNS（ソーシャルネットワーキングサービス）などを利用する際には、インターネットの特徴を踏まえて、モラルやマナーを身につけていくことが大切です。

インターネット上のサービスを代表とした情報社会で、安全に、正しく利用しようという態度のことを情報モラルといいます。「人に迷惑をかけない」「人を不快にさせない」「安全に気をつける」など、情報社会では、情報の特徴を踏まえて、適切に行動するための考え方や態度が大切です。

▶モラルとマナーの違い

マナー
目に見える
行動や作法

モラル
目に見えない考え方や態度

2 情報社会を守るための仕組み

情報社会の進展にともない、個人の情報や権利などを守るために、とくに重要なことがらについては、法律で整備されています。

不正アクセス行為の
禁止等に関する法律

権利のない者が不正に
アクセスすることを禁
止する

個人情報の保護に
関する法律

個人情報を持つ事業者
に、適切な管理、利用
を義務付ける

特定商取引に関する法律

訪問販売や通信販売等
において、違法・悪質な
勧誘行為等を規制する

青少年が安全に安心して
インターネットを利用
できる環境の整備等に
関する法律

携帯電話事業者などに
フィルタリングの提供
を義務付ける

インターネット上には、ドラッグや犯罪にかかわる不適切なサイトや、アダルトサイトなど、青少年に対して年齢制限を設けているサイトもあります。インターネット上の危険なサイト等へのアクセスを制限する機能のことをフィルタリングといいます。

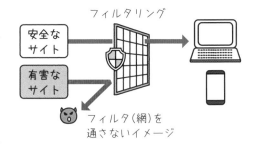

また、インターネットで情報を公開または取得する場合、著作権（→16ページ）に配慮することも重要です。著作権とは、人が創造した小説や絵画、音楽、コンピュータプログラムなどの作品を保護する権利のことをいいます。

著作権は日本では、著作物を作り出した人（著作者）に作り出した瞬間に発生し、作品の公開時に氏名を表示するか、勝手に複製してよいかなどを決めることができます。

❶ SNS（ソーシャルネットワーキングサービス）の説明として誤っているものを１つ選びましょう。

ア　SNS は、Web サイトや専用のアプリを使って利用することができる。

イ　SNS は、文章や写真、動画を送受信したり、相手に投稿を見せたりする機能がある。

ウ　SNS は、登録時に契約はなく、何でも自由に投稿できるため気軽に始められる。

エ　SNS は、個人情報の流出や他人とのトラブルが発生する可能性がある。

❷ 情報モラルについて正しく説明しているものを１つ選びましょう。

ア　情報社会において、目に見える行動や作法のこと

イ　情報社会において、適切に行動するための考え方や態度のこと

ウ　情報社会において、自分の権利を主張すること

❸ 著作物として当てはまらないものを１つ選びましょう。

❹ 次の文章の①〜④に当てはまる法律名を、あとのア〜エから選びましょう。

　情報社会の進展にともない、個人の情報や権利などを守るために、とくに重要なことがらについては、法律で整備されています。たとえば、事業者が個人情報について適切に管理し利用する義務を負う（　①　）や、未成年の携帯電話やスマートフォンなどにフィルタリングを事業者が提供することを義務付ける（　②　）、情報通信や情報ネットワークにおいて、権利のない者のアクセスを禁止する（　③　）などがあります。

　また、ネットショッピングを含んだ商取引において、表示の義務付けや誇大広告の禁止など規制を行う（　④　）などがあります。

ア　不正アクセス行為の禁止等に関する法律

イ　特定商取引に関する法律

ウ　青少年が安全に安心してインターネットを利用できる環境の整備等に関する法律

エ　個人情報の保護に関する法律

 ひとことポイント！　誰もが発信する時代ゆえに、権利侵害されないための方法を考える必要がありますね。

3 問題解決

問題解決の流れ

1 問題解決とは

理想と現実のギャップ（ずれ）のことを問題といいます。それを問題として発見（認識）することが大切です。問題を発見すると、その問題に対してどのように解決するか、手順を考える必要があります。その手順を問題解決といいます。

問題解決の流れを意識し、根拠を明確にしながら進める科学的なアプローチをとることで、効率よく問題を解決したり、質を上げていくことができます。

▶問題とは何か

理想（部員5名以上）

現実（部員4名）

ギャップ
＝
問題

1名足りない

そもそも目の前に発生していることが普通のことだと思っていたら何も始まりません。問題を発見すること（①）。そしてそれがどのような問題であるか整理し、原因を突き止めて定義すること（②）。その問題の要素を洗い出して解決策を考えること（③）。考えたあとに実際にやってみて、反省すること（④、⑤）が大切です。そして、同じような問題に出会ったときにその経験を活かします（⑥）。

▶問題解決の順番

①問題の発見 → ②問題の定義 → ③計画の立案

↓

⑥次の問題解決へ ← ⑤評価 ← ④計画の実行

2 問題解決のプロセス

問題解決を進めていくには、情報収集がとても大切です。たとえば、アンケート調査やインタビューを行うことで、データを得ることができます。また、情報技術を活用することで、より効率よく情報を集めたり、集めたデータの分析を行ったりすることができます。

▶情報技術の活用例

- インターネットを使った調査…Webサイトで情報を集めたり、おもに企業や政府などが収集し、大規模で誰もが使えるように公開しているオープンデータを活用したりできる。
- シミュレーション…数式や模型を使ってモデル化（必要な部分だけ取り出すこと。また、数式で表すこと）し、本物に似せた環境をつくったり、プログラミングで結果を予測したり再現したりできる。よりよい解決法を導き出すための手法。
- データ分析…データを収集し分析することで、決定を下す判断材料にする。数値やグラフを使って数値を可視化することで、目に見えないデータもとらえやすくなる。

練習問題

❶ 「問題」について正しく説明しているものを1つ選びましょう。

ア ある物事や、ある状態、ある変化の現実

イ 新聞、テレビ、インターネットなど情報を伝達する手段や媒体のこと

ウ 思い描く理想と現実のずれのこと

エ ある物事を行った後に生じた現象や、状況、物象、結末のこと

❷ 問題解決の内容について正しく説明しているものを1つ選びましょう。

ア 「問題の発見」とは、実行計画を立てて、実施することをいう。

イ 「問題の定義」とは、問題を整理し、その原因を突き止めることをいう。

ウ 「評価」とは、情報を発信・共有して次の機会に活かすことをいう。

エ 「計画の実行」とは、成否の結果からその過程を振り返ることをいう。

❸ 次の文章の①〜⑥に当てはまる言葉を書きましょう。

　問題解決を進めていくには、原因を分析し解決策を検討するなど、解決までの全体の計画を立てることが大切です。その計画を立てるには、まずは問題を明確にする必要があり、そのためには情報収集が重要です。多くの人に質問し回答を集める（　①　）やインタビューを行うことで、データを得ることができます。その際、（　②　）を使ったWeb検索によって、情報をより効率よく集めることができます。とくに、Web上で公開されているデータ、「（　③　）」は誰もが自由に活用できるため、その利用価値は高いです。

　また、情報技術を活用することで、情報の整理や加工がしやすくなります。数値やグラフを使って数値を（　④　）することで、目に見えないデータもとらえやすくなります。

　そして、データを収集し分析する（　⑤　）を行い、その結果を問題に対する重要な判断材料として利用できます。また、数式や模型を使ってモデル化し、本物に似せた環境をつくったり、プログラミングで予測・再現する実験を行う（　⑥　）は、より正しい解決法を導き出すための重要な手法です。

 ひとことポイント！　「大会に出場するには部員が5名必要なのに、部員が1名足りない」という問題があったとき、みなさんはどうするでしょうか？　やみくもに新入部員を募集するのはもったいないです。まずは「問題解決の順番」の②に「問題の定義」とあるように、何が原因で部員が1名足りないのか、原因を突き止めて問題を定義しないと、いい解決計画が立案できません。

　たとえば、「活動場所や活動時間が知られていないから入部希望者が集まらない」のか「活動内容が魅力的じゃないから入部希望者が集まらない」のか。原因によって、解決策は変わります。

4 問題解決 発想法

わたしたちが、問題解決を効率的にかつ効果的に進めるためには、その場面に応じた考え方や進め方が必要です。はじめて直面する問題には、これまでにない新たな視点や発想が必要です。新たな視点や発想を得る手法を**発想法**といいます。

1 発想法の例

・ブレーンストーミング…グループの中で思いつくままにアイデアを出し合う手法。ルールには、①質より量を重視、②制約を設けない、③便乗の奨励、④批判の禁止、がある。アイデアを付箋紙に書く方法がよくとられる。

・KJ法…さまざまな意見や発言をカードに記入し、グループどうしの関係を分類してまとめていくことで、新しいアイデアを得る手法。

・マインドマップ…アイデアやキーワードを図式化することで、イメージを膨らませて新しいアイデアを考え、整理していく手法。中央にテーマを書き、色を使って曲線を伸ばす。

▶付箋紙を用いた発想法の流れ（KJ法に近い方法）

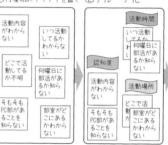

▶マインドマップの例

2 整理の手法

・MECE（ミーシー）…アイデアの重複や抜け漏れを防ぐため、物事を分解して、整理する手法。重要なポイントの見落としを防ぐことができる。

・ロジックツリー…MECE の考え方に基づいて、枝の形にすることで、物事を分解して整理する手法。重要度に応じて、優先順位を決める必要がある。

▶MECEの例

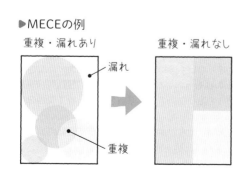

▶ロジックツリーの例

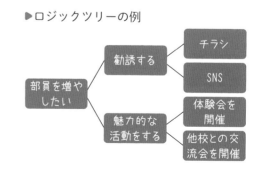

練習問題

1 ブレーンストーミングについて説明しているものを1つ選びましょう。
ア カードに記入し、分類してまとめることで新しいアイデアを得る手法
イ アイデアやキーワードを図式化し、アイデアを考え整理していく手法
ウ 重複や抜け漏れを防ぐため、物事を分解して、整理する手法
エ グループの中で思いつくままにアイデアを出し合っていく手法

2 ブレーンストーミングのルールを説明した次の表について、A〜Dに当てはまるものを、あとのア〜エからそれぞれ1つずつ答えましょう。

(**A**)…アイデアの質は問わず、とにかくアイデアをたくさん出す。
(**B**)…テーマに関することなら、どのようなアイデアでも受け入れる。
(**C**)…他人のアイデアに便乗したアイデアを、どんどん出す。
(**D**)…アイデアを出しにくくなるため、アイデアの批判はしない。

ア 制約を設けない　**イ** 批判の禁止　**ウ** 便乗の奨励　**エ** 質より量を重視

3 次のA〜Cは、アイデアを整理する流れを表しています。A〜Cにそれぞれ当てはまるア〜ウの図を答えましょう。

A　カードにアイデアや現状などを書く　→　B　グループ化　→　C　関連づけ

ア 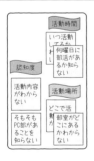　**イ** 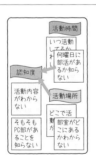　**ウ**

4 次の文章の①〜④に当てはまる言葉を書きましょう。

　創造性を高め、新たなアイデアや解決策を発見するための技法を発想法といい、さまざまな意見や発言をカードに記入して、グループどうしの関係を分類してまとめていくことで、新しいアイデアを得る手法を（　①　）といいます。また、アイデアやキーワードを図式化することで、イメージを膨らませて新しいアイデアを考え整理していく手法を（　②　）といいます。問題を整理する手法には、アイデアの重複や抜け漏れを防ぐため、物事を分解して整理する（　③　）や、枝の形にすることで、物事を分解して整理して表す（　④　）などがあります。

個人情報と権利

5 個人情報と個人情報保護法

個人情報の流出が社会問題化しています。わたしたちの個人情報を守るためには、どのような対策が必要なのか考えてみましょう。

1 個人情報の定義

個人情報とは、ある情報に含まれる氏名や性別、生年月日、住所などで個人が特定できるもののことをいいます。SNSなどで、プライベートな内容を書き込んだり、写真を公開したりすることで、知らないうちに個人情報が流出してしまう可能性があります。

- ● ジオタグ…スマートフォンやデジタルカメラで撮った写真には、GPS（Global Positioning System）による位置情報や撮影者の氏名、撮影日など（ジオタグ）が記録されている場合があり、ジオタグを消さずに共有すると、写真データから、自宅や学校などが特定される。また、ジオタグのない写真でも、建物や風景から場所が特定されることがある。
- ● リンクによる個人の特定…SNSなどであなたのアカウントにリンクされた友人の投稿から、居住地域や学校、個人などが特定されることがある。

▶個人情報の例

- ・氏名　・性別　・生年月日　・住所
- ・学校名　・出席番号　・担任の名前
- ・SNSのID　・SNSの友だち一覧
- ・親友との写真　・出身校名　など
※「氏名、性別、生年月日、住所」の4つは、とくに**基本4情報**とされる。

▶個人情報が流出すると……

2 個人情報保護法

個人情報の取り扱いについては、個人情報保護法（個人情報の保護に関する法律）によって定められており、個人情報を取り扱う企業や団体などに対して、個人情報の適切な管理を求めています。具体的には、次のような内容が義務付けられています。

- ● 個人情報を取得する際には、あらかじめ収集の目的を明らかにし、その目的以外に利用しないこと。
- ● 個人情報が漏れたり、なくなったりしないように管理すること。
- ● 本人の同意がないのに、第三者に個人情報を提供しないこと。

個人情報の他にも、個人が安心して生活するための大切な権利として、肖像権やプライバシー権があります。

他人から無断で写真を撮られたり、撮られた写真が無断で公表されたりすることがないよう主張する権利を肖像権、私生活上の情報を無断で公表されない権利をプライバシー権といいます。

練習問題

1 個人情報について正しく説明しているものを1つ選びましょう。

 ア 情報を伝達する手段や媒体のこと

 イ 意味や価値のあるデータ・知識のこと

 ウ 個人が特定できる情報の記述があるもののこと

 エ 相手に対する思いやりや気遣いのこと

2 スマートフォンに入っている情報のうち、個人の特定や所有者への連絡が容易ではないものを1つ選びましょう。

 ア 電話番号

 イ 電子メールアドレス

 ウ 氏名

 エ スマートフォンの機種名

 オ 動画、写真

3 次の図はSNSに投稿されたものです。投稿された写真からわかる情報のうち、基本4情報にあたるものを、あとのア～オから選びましょう。

すずっち @suzucchijoho 9月16日
サトウさん、茅ケ崎地区大会の優勝おめでとう！めちゃくちゃ感動したよ〜！！

 ア 性別 **イ** 大会名 **ウ** 高校名 **エ** 背番号 **オ** 投稿日

4 次の文章の①～④に当てはまる言葉を書きましょう。

 個人情報の取り扱いについては、（ ① ）という法律で定められています。この法律によって、（ ② ）を取り扱う企業や団体などに対して、適切な管理・利用が義務付けられています。

 また、個人が安心して生活するための大切な権利として、他人から無断で写真を撮られたり、撮られた写真が無断で公表されたりすることがないよう主張する（ ③ ）権や、私生活上の情報を無断で公表されない（ ④ ）権があります。

知的財産と権利

6 知的財産権
（著作権と産業財産権）

1 知的財産権は著作権と産業財産権から成り立つ

　知的財産権とは、人の知的創作活動により生み出された成果について、一定期間保護する権利です。文芸・美術・音楽などの著作物にかかわる著作権と、発明にかかわる産業財産権から成り立っています。

　また、産業財産権は特許権、実用新案権、意匠権、商標権から成り立っています。

▶産業財産権のイメージ

液晶技術
特許権：もの、方法、製造方法などの発明を保護する。保護期間は出願から原則20年。

ロゴマーク
商標権：商品やサービスに使用するマークを保護する。保護期間は登録から10年・更新あり。

デザイン
意匠権：物品等のデザインを保護する。保護期間は出願から25年。

ボタンの配置や構造
実用新案権：物品の構造・形状にかかる考案を保護する。保護期間は出願から10年。

2 著作権の分類

　著作権とは、人が創作した作品や作者を守るための権利です。日本では届け出はいらず、作品を生み出した時点で自動的に権利が発生します。このことを定めた法律が著作権法です。

　基本的には、作品を無断で使用すると、著作権者の親告によって法律で罰せられますが、著作者の許可の範囲内であれば利用できます。

▶著作物利用の例（許諾）

作品を使わせて！

著作者
（作品を創った人）
作品
（著作物）

利用者
（作品を使いたい人）

タダ（無償）でいいよ

お金を払う（有償）ならいいよ

作者名を書くならいいよ

　著作権は、おもに2つの権利から成り立っています。

・著作者人格権…作品の変更や抜き出しなど、作者が精神的に傷つかないよう保護する。
・著作権（財産権）…著作者が利益を得る機会を保護する。

3 著作権の例外的規定とは

　著作権の例外的規定といって、下記のような場合には、著作者に許諾を得ないで著作物を利用できます。

私的利用のための複製

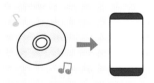

家族に音楽CDのデータをコピーする。

引用

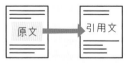

原文 → 引用文

他人が書いた文章は、利用許諾をとらなくても、引用のルールに従えば利用できる。

教育機関における複製

教育活動において授業内で利用する場合は使用できる。
※いくつかの制限あり

練習問題

1 知的財産権について正しく説明しているものを 1 つ選びましょう。

ア 知的財産権には、産業に関する著作権、文化や芸術に関する産業財産権がある。

イ 著作権者には、著作物の利用について、必ず許諾をとらなければならない。

ウ 知的財産権とは、人の知的創作活動により生み出された成果について、一定期間保護する権利である。

2 著作権の説明として誤っているものを 1 つ選びましょう。

ア 著作権には、著作者が利益を得る機会を保護するために、著作物を財産と考える権利がある。

イ 著作権には、商標などの営業上の標識、それ以外の営業上・技術上の有用な情報などが含まれる。

ウ 著作権には、作品の変更や抜き出しなど、作者が精神的に傷つかないよう保護する著作者人格権がある。

3 次のA〜Dの産業財産権の内容を表すものとして最も適当なものを、あとのア〜エからそれぞれ 1 つずつ選びましょう。

A 特許権 　　**B** 実用新案権 　　**C** 意匠権 　　**D** 商標権

> **ア** 物品の形状や構造などのアイデアに関する権利。
>
> **イ** 発明した技術や製品になどに関する権利。
>
> **ウ** 企業名、商品名、商品やサービスに使用するロゴマークなど。
>
> **エ** 製品のデザインに関して保護する権利。

4 他人が書いた文章は、利用の許諾をとらなくても、次の①〜⑤のルールに従って利用することができます。その内容に関して、（　　　）に共通して当てはまる言葉を書きましょう。

① （　　　）する必然性がある場合

② （　　　）部分が他と区別できる場合

③ （　　　）部分が全体の一部である場合

④ （　　　）部分を変更しない場合

⑤ （　　　）部分の出典が明記されている場合

**ひとこと
ポイント！**　インターネット上のフリー素材集のサイトなどでは、利用規約に「○○場合は無償で利用できる」等が書かれています。著作権によって著作物が保護されることも大切ですが、「どのようにすれば他人の著作物を利用できるか」という考え方も大切です。

国際的に活動を行う非営利団体「クリエイティブ・コモンズ」は、「クリエイティブ・コモンズ・ライセンス（CC ライセンス）」という著作権に関するライセンスを策定しています。作品の情報の「表示」「改変禁止」「非営利」、ライセンスの「継承」といったマークがあり、著作者自身が利用条件や制限を意思表示し、著作物の流通を図ることができます。

7 情報セキュリティの重要性
不正アクセス禁止法

1 サイバー犯罪の分類

　現代社会では、コンピュータやインターネットの発達とともに、それらを悪用したサイバー犯罪が深刻な社会問題となっています。

　サイバー犯罪は、**不正アクセス禁止法**により禁止されています。サイバー犯罪は、おもに次の3つに分類されます

- 不正アクセス禁止法違反…セキュリティホール（セキュリティの欠陥）への攻撃や、他人のIDやパスワードを使うこと。情報通信技術を使わずに、人の心理的な隙や行動のミスにつけこんで他人のIDを盗み出すこと（ソーシャルエンジニアリング。たとえば、IDを盗み見るなど）も含む。
- コンピュータ・電磁的記録対象犯罪…マルウェアなど、コンピュータウイルスを利用して端末を不正に操作し、保存されたデータを改ざんすること。
- ネットワーク利用犯罪…フィッシング詐欺、架空請求・ワンクリック詐欺など、ネットワークを利用した犯罪。

▶ソーシャルエンジ
ニアリングの例

2 不正なソフトウェア

　悪意を持って作成されたプログラム（**コンピュータウイルス**）などの不正なソフトウェアを総称して**マルウェア**といい、次のようなものがあります。

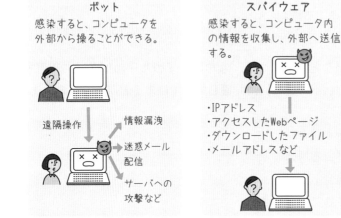

ボット
感染すると、コンピュータを外部から操ることができる。

遠隔操作 → 情報漏洩
迷惑メール配信
サーバへの攻撃など

スパイウェア
感染すると、コンピュータ内の情報を収集し、外部へ送信する。

・IPアドレス
・アクセスしたWebページ
・ダウンロードしたファイル
・メールアドレスなど

ランサムウェア
感染すると、コンピュータ内のファイルを暗号化し、復号を条件に金銭の支払いを要求する。

ランサムウェアで攻撃

コンピュータ内のファイルを暗号化

データを戻してほしければ金を払え！

3 技術的な取り組み

　ネットワークを安全に利用するには、**ウイルス対策ソフトウェア**、やIDやパスワードなどを使った**認証技術**（→100ページ）が欠かせません。認証技術には、指紋や虹彩などの生体情報を利用した**生体認証**や、複数の認証を組み合わせた**多要素認証**もあります。

練習問題

1 不正アクセス禁止法違反について説明しているものを1つ選びましょう。

　ア　人の心理的な隙や行動のミスにつけこんで、他人のパスワードなどを取得し使うこと。

　イ　氏名、住所、年齢、性別、生年月日、電話番号など本人を識別できる情報を公開すること。

　ウ　コンピュータやネットワークを使用する際に、その人に権利があるかを確認すること。

2 次のA〜Cの対象となるサイバー犯罪の内容を表している図を、あとのア〜ウからそれぞれ1つずつ選びましょう。

　　　A　不正アクセス禁止法違反

　　　B　コンピュータ・電磁的記録対象犯罪

　　　C　ネットワーク利用犯罪

ア　データの改ざん　　　イ　ドラッグ販売Webサイト／購入／違法物品　　　ウ　セキュリティホールをねらった攻撃

3 次のA〜Cの不正なソフトウェアの内容を表している図を、あとのア〜ウからそれぞれ1つずつ選びましょう。

　　　A　ボット　　　**B**　ランサムウェア　　　**C**　スパイウェア

ア　遠隔操作／情報漏洩／迷惑メール配信／サーバへの攻撃など

イ　・IPアドレス・アクセスしたWebページ・ダウンロードしたファイル・メールアドレスなど

ウ　攻撃／コンピュータ内のファイルを暗号化／データを戻してほしければ金を払え！

4 次の文章の①〜④に当てはまる言葉を書きましょう。

　　コンピュータやネットワークを安全に利用するには、コンピュータウイルスからパソコンなどの機器を保護するために（　①　）を最新版に保つことや、利用する人にその権利があるかを確認する認証技術が欠かせません。

　　認証技術には、IDや（　②　）などを入力して認証するユーザ認証のほか、（　③　）や虹彩などの生体情報を利用した生体認証や、複数の認証を組み合わせた（　④　）もあります。

8 情報セキュリティの重要性
情報セキュリティ

1 情報セキュリティの確保

わたしたちは日々、情報を扱っています。隣の席とつながる程度の小さなネットワークでも、インターネットのような巨大なネットワークでも、安全に利用するには、情報セキュリティを十分に確保することが大切です。

▶さまざまな情報セキュリティ技術の例

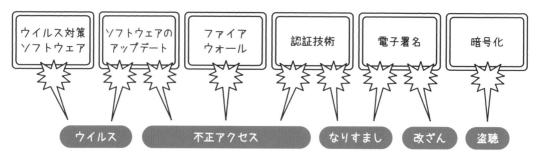

2 情報セキュリティポリシーとは

会社などの組織では、通常、法律をもとに組織の方針を定めルールを作っています。そしてルールを守るために手順を決めます。

情報セキュリティも同じで、情報セキュリティを確保するには、技術的な取り組みだけではなく、組織での取り組みも重要です。

組織全体における情報セキュリティの基本方針や対策基準をまとめたものを情報セキュリティポリシーといいます。

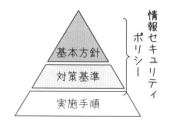

3 情報セキュリティの3要素（機密性、完全性、可用性）

情報セキュリティとは、情報の機密性、完全性、可用性を確保することを指します。

機密性

情報へのアクセス権のある人だけがアクセスできる。
→不正アクセスや情報漏洩を防ぐ。

完全性

情報やその処理方法が正確である状態を確保する。
→情報の誤りや改ざんを防ぐ。

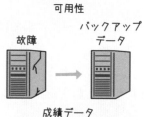

可用性

故障やアクシデントがあったとしても、システムが稼働し続ける。
→システム障害を防ぐ。

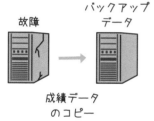

練習問題

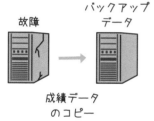 **次の文章の①～④に当てはまる言葉を書きましょう。**

　　ネットワークを安全に利用するための情報セキュリティ技術として、アプリケーションなど最新の状態にする（　①　）や、不正アクセスに対しては外部からの通信を拒否する防火壁の役割を持つ（　②　）が重要です。

　　そして、なりすましや改ざんに対しては、その電子文書が正式なものであることを証明する（　③　）、盗聴に対しては、データの内容を他人にはわからなくする（　④　）などの技術が重要です。

 **情報セキュリティポリシーについて説明しているものを1つ選びましょう。**

　ア　被害を与えるため悪意をもって作成された不正なソフトウェア

　イ　組織全体における情報セキュリティの基本方針や対策基準

　ウ　インターネット上の詐欺などから消費者を保護するための法律

 **情報セキュリティの3要素A～Cを表す言葉を、「○○性」のようにそれぞれ答えましょう。**

A　必要なときに情報が利用できる。

B　情報が壊れたり改ざんされない。

C　許可された人だけがアクセスできる。

ひとことポイント！　究極のセキュリティは、誰にも触れられないように封印することでしょう。たとえば、見られたくないノートを金属の箱に入れて溶接し、マリアナ海溝の最深部に置いておきましょう。必要なときに取りに行って開いて……と大袈裟に考えるとよくわかりますが、見られたりしないだけでなく、程よく使えるためのバランスを取らなければなりません。すなわち、機密性、完全性、可用性が重要なわけです。

9 情報技術の発展

情報技術の役割

1 電子商取引の仕組み

　情報技術の発達にともない、わたしたちの身のまわりでは新しい情報技術がどんどん生まれ、活用されています。

　たとえば、電子商取引には、ネットショッピングやネットオークション、銀行口座を利用するインターネットバンキング、金融商品の取引を行うオンライントレードなどがあります。

▶電子商取引の例

インターネットを通じて注文・支払い

▶電子マネーの使用例

支払いは〇〇ペイで！

　お金（硬貨・紙幣）をデジタルデータにしたものを電子マネーといい、現金決済やクレジットカード決済の代わりとして利用されます。

2 VRとAR

・仮想現実（バーチャルリアリティ、VR）…仮想空間で、現実のような視聴や体験をする技術。ゲームなどに活用されている。

・拡張現実（AR）…人が知覚する現実の環境に、デジタルな情報を追加表示する技術。ゲームでの活用や、自分の写真上に髪型やメイクを表示するアプリケーションなどがある。

3 Society5.0までの社会の流れ

情報技術の発展により、今、社会は大きく変化しています。

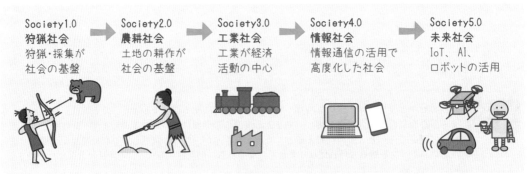

Society1.0
狩猟社会
狩猟・採集が社会の基盤

Society2.0
農耕社会
土地の耕作が社会の基盤

Society3.0
工業社会
工業が経済活動の中心

Society4.0
情報社会
情報通信の活用で高度化した社会

Society5.0
未来社会
IoT、AI、ロボットの活用

練習問題

❶ 電子マネーについて正しく説明しているものを1つ選びましょう。

　ア　客が店内で商品をバーコードで読み取り、清算をすることができる。

　イ　貨幣価値をデジタルデータで表現したもので、現金の代わりに使う。

　ウ　紙幣（お札）や硬貨（小銭）など、商品の売買や給与の受け取りに使うことができる。

❷ 電子商取引の例として誤っているものを1つ選びましょう。

　ア　オンライントレード

　イ　ネットオークション

　ウ　ソーシャルエンジニアリング

❸ 図A～Cの技術は、仮想現実（VR）と拡張現実（AR）の、どちらでしょうか。

A　ゲームの世界に入り込んだように視覚全体で体験できる技術

B　リアルタイムに表示されるカメラ映像の顔に、メイクを追加できる技術

C　カメラなどを通して、現実の道に道路標識などが追加して見える技術

❹ 図の①～④に当てはまる言葉をそれぞれ書きましょう。

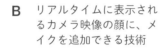

Society1.0
（　①　）社会
狩猟・採集が
社会の基盤

Society2.0
（　②　）社会
土地の耕作が
社会の基盤

Society3.0
（　③　）社会
工業が経済
活動の中心

Society4.0
（　④　）社会
情報通信の活用で
高度化した社会

Society5.0
未来社会
IoT、AI、
ロボットの活用

**ひとこと
ポイント！**　Society5.0は未来の話か、もう今の時代のことか、身のまわりを見て考えてみましょう。情報Ⅰは過去についても学びますが、それを経て、未来について考えて、その一部を自身で創造するのも大切なことです。

10 情報技術の役割
情報技術の課題と未来

1 情報技術の課題

情報技術の発達にともない、新しい情報技術の課題も発生しています。

- VDT（Visual Display Terminals）障害…ディスプレイを長時間集中して見続けることで発症する目の疲れや肩こりなど。
- ネット依存…インターネットを長時間やり続けてしまい、自分でコントロールできない状態。
- デジタルデバイド…インターネットやコンピュータを使える人と使えない人との間に生じる格差。情報格差ともいう。近年は、使い方の差もデジタルデバイドに含む。

2 Society5.0が目指すもの

日本の未来の社会のコンセプトをSociety5.0といいます。現実空間と仮想空間を高度に融合させるシステムによって、社会的課題の解決と経済発展を両立するとしています。

3 Society5.0を支える技術

・AI（人工知能）…人間に代わりコンピュータが、言語の理解や推論、問題解決などの知的行動を行う技術。現在では、ロボットや自動運転の技術に利用されている。

・ビッグデータ…テキスト、動画、SNSの投稿や利用履歴、Webページなど、さまざまな種類や形式のデータによって構成された巨大なデータ群。分析の結果から意思決定や予測が可能となる。

・データサイエンス…統計学や情報科学を利用し、大量のデータから規則性・関連性を導き出し、新たな価値を生み出す手法。データの設計・収集・分析など幅広く扱う。

練習問題

❶ VDT 障害について正しく説明しているものを1つ選びましょう。

　ア　インターネットを長時間やり続けてしまい、自分でコントロールできない状態

　イ　インターネットやコンピュータを使える人と使えない人との間に生じる情報格差

　ウ　ディスプレイを長時間集中して見続けることで発症する目の疲れや肩こりなど

❷ 次の図「日本の世代別インターネット利用状況」の説明として、誤っているものを1つ選びましょう。

　ア　2018年と2019年の13歳から59歳までのすべての世代で、インターネットの利用状況は90%を超えている。

　イ　2018年と2019年を比べると、60歳以上のすべての世代で、インターネットの利用状況は減少している。

　ウ　2018年と2019年を比べると、80歳以上のインターネットの利用状況は2倍以上増加している。

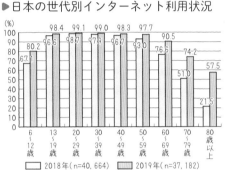

▶日本の世代別インターネット利用状況

出典：総務省「通信利用動向調査」

❸ 次のA～Dの技術の内容を表すものとして適当なものを、あとのア～エからそれぞれ1つずつ選びましょう。

　A　IoT　　　B　AI　　　C　ドローン　　　D　ロボット

　ア　おもにプロペラを利用した無人飛行機のこと。

　イ　人のような知的行動や情報処理を実現する技術のこと。

　ウ　家電や自動車といった「モノ」をインターネットに接続する技術のこと。

　エ　人の代わりに自動で動作や作業を行う機械のこと。

---

❹ 次の文章の①～④に当てはまる言葉を書きましょう。

　現代社会では、コンピュータの技術や性能が向上し、（　①　）などの巨大なデータ群を分析することで、問題解決の意思決定や高精度の予測に利用することが可能となりました。それらのデータを利用することで、ロボットやドローンの制御、自動運転技術などに利用される（　②　）の技術が向上し、人々の生活を豊かにしています。

　これらの技術を支える手法は（　③　）といい、数学や統計学、コンピュータなどの情報科学を利用し、大量のデータから意味のある情報を導き出して新たな価値を生み出しています。未来社会では、これらの情報技術を活かして、これまで歩んできた社会に次ぐ第5の社会となる（　④　）の構築を目指すことが提唱されています。

PART 1　情報社会の問題解決

25

PART 1 チャレンジ問題

1 次の会話文を読み、（1）〜（5）に答えなさい。

> 生徒「先生、学校でロボット制作部を立ち上げたいのですが、勧誘してもまったく人が集まりません」
>
> 先生「なるほど、それなら情報Ⅰで学んだ (a) 問題解決の手順で勧誘方法を考えてみてはどうだろう？」
>
> 生徒「それはいいですね、そもそも問題とは（ ① ）と（ ② ）のギャップのことでしたね。具体的な（ ① ）はロボットコンテスト大会に出場するためにエントリー条件人数の部員が5名以上になること。そして具体的な（ ② ）は部員が4名しかいないことですね」
>
> 先生「次に、実際にインタビューやアンケートをまわりの人に実施し、データを集めて調査・分析をしよう。問題の全体像を明確化したり、解決策を考えたりする手法の (b) ブレーンストーミングや、(c) カードを使ったアイデアの整理法も問題解決には有効な手立てですからね」
>
> 生徒「授業で習ったSociety5.0の概念から考えてみても、これからの未来はロボットやAIなどが活躍するような転換期が来るので、ロボット制作部にたくさん人が集まってほしいです」
>
> 先生「デジタル革新のためには、ロボットやAI、IoTを使いこなす人が必要だから、集まるといいね」

（1）下線aにある問題解決の手順について、ア〜カを左から正しい順番に並べなさい。

　ア　同じ問題に出会ったときに、その経験を活かす。

　イ　考えた解決策の計画を実際に実行する。

　ウ　KJ法などの手法で問題を整理・定義する。

　エ　問題の要素を洗い出して解決策の計画を立案する。

　オ　理想と現実のギャップから問題を発見する。

　カ　実際にやってみたことを振り返り評価する。

（2）文中の①と②に当てはまる言葉を答えなさい。

（3）下線bのブレーンストーミングの4つのルールを答えなさい。

（4）下線cのKJ法（カードを使ったアイデアの整理法）はどのような手法か答えなさい。

（5）Society5.0を支える技術として AI がある。これについて、次のアとイに答えなさい。

　　ア　AI とはどのような技術か答えなさい。

　　イ　Society5.0において、AI はどのような社会の課題を解決するか答えなさい。

2　次の SNS のプライバシーポリシーを読み、（1）～（3）に答えなさい。

弊社の SNS のプライバシーポリシーと利用規約

１．プライバシーポリシー

　弊社は、本規約のほか個人情報保護法を遵守し、プライバシーポリシーに従って (a) 個人情報を取り扱います。またユーザの皆さまの (b) 情報セキュリティの確保を行います。

２．プライバシーポリシーへの同意

　ユーザは、本サービスの利用または本サービスの閲覧前に、本サービス上で、プライバシーポリシーを必ず確認し、その内容に同意した上で、本サービスを利用するものとします。

３．ユーザによる利用

　ユーザは本サービスを通じて得た個人情報等に関し、本サービスの利用範囲内においてのみ利用することができ、それ以外は利用できないものとします。また弊社の SNS のサービス内でのユーザ間のトラブルに関して弊社は一切責務を負いません。

（1）下線 a の個人情報を守るための法律を答えなさい。

（2）下線 b の情報セキュリティの確保のために必要な機密性、完全性、可用性とはどういった状態を指すか、それぞれ答えなさい。

（3）この SNS の利用規約について、正しく説明しているものを、ア～エから１つ選びなさい。

　　ア　事業者がユーザの個人情報を漏洩しても、この事業者は責任を負わない。

　　イ　この SNS 上でユーザ間のトラブルがあった場合は、事業者が助けてくれる。

　　ウ　ユーザからの申し出があれば、登録されているユーザの個人情報を事業者は訂正する。

　　エ　この SNS を利用して得た他のユーザの個人情報は、この SNS 以外でなら使用してもよい。

① メディアの変化

メディアとコミュニケーション

1 メディアとコミュニケーション

　人と人とが意思や感情、思考を伝達し合うことをコミュニケーションといいます。

　また、情報の送り手と受け手の間を媒介するものをメディアといいます。メディアは「情報を媒介するもの」と定義されます（media という単語は「中間の」という意味がある）。ポイントは、いずれも人と人の間にあることです。送り手と受け手が必ずいて、メディアはその間にあります。

複数か1人　　複数か1人
情報
メディア

太古の時代の狼煙や石板も、遠くにいる誰かやその場にいない誰かに情報を伝えようとするためのものなので、メディアといえる。

▶メディアとコミュニケーションの変遷

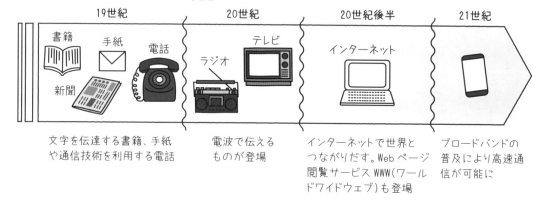

19世紀	20世紀	20世紀後半	21世紀
書籍　手紙　電話　新聞	ラジオ　テレビ	インターネット	
文字を伝達する書籍、手紙や通信技術を利用する電話	電波で伝えるものが登場	インターネットで世界とつながりだす。Web ページ閲覧サービス WWW（ワールドワイドウェブ）も登場	ブロードバンドの普及により高速通信が可能に

2 おもなソーシャルメディア

　近年は、不特定多数の人々が相互に情報を発信し、共有できるソーシャルメディアの利用も増えています。さまざまなメディアを利用できるようになった現代社会では、メディアを適切に活用する能力としてメディアリテラシーが求められます。

● SNS…ネットワーク上で交流して人間関係を広げていくことができるサービス。
● ブログ…個人や企業が発信した情報を時系列で記録する、日記のような Web サイト。
● 電子掲示板…多くの人がメッセージを書き込んだり閲覧したりできる Web サイト。

3 コミュニケーションの分類

人数			位置関係		
	1対1	発信者1人に対し、受信者1人	位置関係	直接	対面型
	1対多	発信者1人に対し、受信者複数		間接	遠隔地など
	多対1	発信者複数に対し、受信者1人	同期性	同期的	同じ時間を共有する
	多対多	発信者複数に対し、受信者複数		非同期的	同じ時間を共有しない

練習問題

1 電子掲示板はア〜エのどのコミュニケーションの形態に分類できるか、1つ選びましょう。

ア 1対1（電話など）

イ 1対多（動画共有サイト）

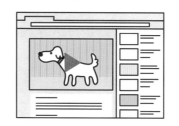

ウ 多対1（アンケートなど）

エ 多対多（会議など）

2 次のア〜カのコミュニケーション手段を、同期的か非同期的かで分類しましょう。

ア 電話　　　　　　　**イ** 電子メール　　　　　**ウ** テレビの生中継

エ ブログ　　　　　　**オ** 面接　　　　　　　　**カ** ビデオ通話

3 次の文章の①〜⑤に当てはまる言葉を書きましょう。

　人と人とが意思や感情、思考を伝達し合うことを（　①　）といい、情報の送り手と受け手の間を媒介するものを（　②　）といいます。

　インターネットの登場により電子メールや電子掲示板、また、Web ページ閲覧サービスである（　③　）を通して情報の流通範囲は大きく広がりました。21世紀に入ると、光回線やケーブルテレビなど、（　④　）の普及により高速な通信が実現しました。

　さまざまな（　②　）を利用できるようになった現代社会において、（　②　）を適切に活用するために、（　②　）の意味と特性を理解したうえで、受け手として情報を正しく読み解き、送り手として正確に情報を表現・発信する能力である（　⑤　）が求められます。

メディアとコミュニケーション

コミュニケーションとインターネット

1 インターネットコミュニケーションの特徴

インターネット上のコミュニケーションには、匿名性と記録性という特徴があります。

インターネット上でのコミュニケーションでは、実名や所属など個人を特定する情報を隠すことができます。実世界で他人からの印象を変えないまま、内に秘めていることを匿名で発信することもできます（匿名性がある）。

▶匿名性のメリット・デメリット

匿名性がある	匿名性がない
○ 発信者の特定が困難である ○ 自由に発信されやすい（発信内容によって本人の印象が変わらないなどによる） ✕ 熟考せずに発信されやすい	✕ 個人と結びつく情報が多くの人の目に触れる ✕ 立場によって発信に制限がある ○ 特定個人の印象とつながるため発信内容に責任を持つ

一方、匿名ということで気が大きくなってしまい、トラブルに発展することもあるため、情報やネットコミュニケーションの特徴をつかんでおくことが必要です。

そのため、匿名性については、その必要性と危険性を比較する必要があります。複数の要素が関連し、1つの要素を改善すると他の要素が悪化するような状態をトレードオフといいます。

一般的にはサービス提供側の機械（サーバ）に通信記録が残り発信者をたどれるため、完全に匿名性が保たれるわけではなく、インターネット上での情報の送受信は常に記録に残ります（記録性がある）。また、権利を侵害する情報が発信された場合、プロバイダ責任制限法によって、サーバから権利を侵害する情報の発信者の情報を開示請求することができます。

2 インターネットにおけるトラブル

情報の残存性・複製性・伝播性（→6ページ）という3つの特性は、インターネット上の情報にも当てはまり、トラブルが起こることもあります。

インターネットの誤った使い方により、トラブルの被害者にも加害者にもなりうるため、インターネット上で情報を発信したり受信したりする際には、次のようなことに気をつける必要があります。

▶インターネットにおけるトラブルの例

ネットいじめ	インターネット上で、他人を誹謗中傷するような書き込みなど
炎上	ある投稿に対し、多くの人が一斉に反応すること。とくに、批判的なことを指すことが多い。
フェイクニュース	意図的にだますことを目的とした偽情報

- 発信する内容に間違いがないか？
- 他者を誹謗中傷していないか？
- 個人情報に配慮されているか？
- 情報の信憑性が保証されているか？

練習問題

❶ 匿名性のメリットとして、最も当てはまるものを1つ選びましょう。

　ア　発信する情報に責任を持つことができる。

　イ　立場にとらわれず、自由に情報を発信できる。

　ウ　他人を誹謗中傷しても罪に問われない。

　エ　不確かな情報の発信や拡散につながる。

❷ SNS 利用で**加害者**にならないための注意点として、**誤っている**ものを1つ選びましょう。

　ア　不確かな情報を拡散しない。

　イ　他人を誹謗中傷するような書き込みをしない。

　ウ　自由に主張や画像を投稿する。

　エ　嘘の情報を発信しない。

❸ SNS 利用で**被害者**にならないための注意点として、**誤っている**ものを1つ選びましょう。

　ア　自分を知ってもらうために、学校名をプロフィールで公開する。

　イ　SNS で初めて知り合った人に直接会わないようにする。

　ウ　なりすましに注意する。

　エ　SNS のパスワードを厳重に管理する。

❹ 情報の**残存性・複製性・伝播性**について当てはまる事例をそれぞれ1つずつ選びましょう。

　ア　チラシを印刷する。

　イ　拡散したフェイクニュースは完全には消えない。

　ウ　SNS の投稿を拡散する。

❺ 次の文章の①～⑥に当てはまる言葉を書きましょう。

　　インターネット上でのコミュニケーションでは、実名や所属など個人情報を隠すことができる（　①　）性があります。ただし、一般的にはサーバに通信記録が残るため、完全に（　①　）性が保たれるわけではありません。インターネット上での情報の送受信が常に記録に残る特徴を（　②　）性といいます。

　　（　①　）性については、その必要性と危険性を比較する必要があります。複数の要素が関連し、1つの要素を改善すると他の要素が悪化するような状態を（　③　）といいます。

　　インターネット上の情報は誰でも情報を発信することができ、短時間で拡散しやすいため、情報の（　④　）性が保証されているとはいえません。

　　インターネットにおけるトラブルとして、ある投稿に対し、多くの人が一斉に批判的な反応をする（　⑤　）や、意図的にだますことを目的とした偽情報である（　⑥　）ニュースなどが挙げられます。

3 メディアとコミュニケーション
情報伝達技術の発展

1 インターネットの発展

1969年	ARPANET（アーパネット）が構築された。通信障害に強い通信を実現しようとしたネットワークで、通信経路を複数用意し、通信経路のある箇所に障害が起きても、通信が途絶えないようにした。 データはパケットという小さなデータに分割して送受信される方式（パケット交換方式→98ページ）で送受信した（現在のインターネットと同じ通信方式）。	1つの交換機が故障しても通信システムは利用可能 コンピュータ　コンピュータ パケット交換機 コンピュータ　通信回線　コンピュータ
1990年代半ば以降	世界中にネットワークが接続され、情報の流通範囲が大きく広がり、インターネットが普及した。 従来は軍事や研究用途でのみ使われていたが、個人が容易に情報を発信できるようになり、海外の人への連絡も容易になった。ただし、インターネットが家庭に普及されるようになった当初は、電話回線を使用し、回線速度はとても遅いものだった。	
2000年以降	光回線やCATV（ケーブルテレビ）、ADSLなど、ブロードバンドの普及によりインターネットに接続するための回線が高速化。情報の流通量も増大している。	

2 インターネットと情報格差

　かつては一家に1台だった電話も、現在では1人1台に近いほど普及しています。このように、情報機器が共有物から私有物へと変化（パーソナル化）しています。

　情報機器が普及し、社会的インフラとしてインターネットの重要性が高まっていますが、コンピュータやインターネットを活用できる人とできない人の間で得られる情報の質や量に格差が生じています。このような格差を情報格差（デジタルデバイド）といいます。

　現在のところ、インターネットはすべての人が等しく受けられる公共的なサービス（ユニバーサルサービス）を提供する義務がありません。情報格差の解消には、すべての人にインターネットへのアクセスを提供することが課題となります。

▶情報格差の例

大学入試を受けるときに……

インターネットを活用できる人	⇔ 情報格差	インターネットを活用できない人

・オンラインで人気講師の授業を受けられる
・たくさんの大学の情報をすぐに集められる
・Web出願できる
など

・身近な人からの情報でしか判断できない
・出願の方法が制限される
など

1 ARPANET の説明として誤っているものを 1 つ選びましょう。

ア　インターネットの原型となったコンピュータネットワーク

イ　パケット交換方式が用いられたコンピュータネットワーク

ウ　障害に強い通信を実現しようとして開発されたコンピュータネットワーク

エ　コンピュータどうしを単一の通信経路で結んだコンピュータネットワーク

2 ブロードバンドでないものを 1 つ選びましょう。

ア　光回線

イ　Bluetooth

ウ　CATV（ケーブルテレビ）

エ　ADSL

3 情報格差が生じている例として誤っているものを 1 つ選びましょう。

ア　ネットワークシステムの整備が整っている地域と整っていない地域

イ　情報機器の操作に慣れている若者と慣れていない高齢者

ウ　情報教育に力を入れている環境と力を入れていない環境

エ　ある遺伝情報を遺伝したものと遺伝していないもの

4 次の文章の①〜⑥に当てはまる言葉を書きましょう。

　1969年にインターネットの原型といわれる、障害に強い通信の実現を目的とした（　①　）が構築されました。（　①　）では、データは（　②　）という小さなデータに分割して送受信される、現在のインターネットと同じ通信方式が用いられていました。

　1990年代半ば以降、インターネットが家庭に普及されるようになった当初は、電話回線を使用し、回線速度はとても遅いものでした。2000年以降、光回線や CATV（ケーブルテレビ）、ADSL など、（　③　）の普及によりインターネットに接続するための回線が高速化していき、情報の流通量も増大しました。

　かつては一家に 1 台だった電話は、現在では 1 人 1 台に近いほど普及しており、このような共有物から私有物への変化を（　④　）化といいます。

　一方で、情報機器が普及し、社会的インフラとしてインターネットの重要性が高まっていますが、コンピュータやインターネットを活用できる人とできない人の間で得られる情報の質や量に格差が生じています。このような格差を（　⑤　）といいます。

　（　⑤　）の解消には、すべての人にインターネットへのアクセスを提供することが課題となりますが、現在のところ、インターネットはすべての人が等しく受けられる公共的なサービスを提供する義務がありません。対して、電気、ガス、水道や電話、郵便のようにすべての人が等しく受けられる公共的なサービスを（　⑥　）といいます。

4 情報のデジタル化
アナログとデジタル

1 アナログとデジタルの違い

・アナログデータ…連続的※な量で表すデータ

・デジタルデータ…段階や区切りのある値で表すデータ

※いくらでも細かく拡大して見られるデータは区切りがないといえ、それを「連続的」という。

アナログデータの微妙なニュアンスの違いのすべてを伝えようとしても、複製や伝送の過程で少しのズレが発生し、劣化のような現象が起きます。一方で、デジタルデータは0と1の並びを伝えるため、微妙な違いなどを発生させずに伝えられます。そのため、複製や伝送が容易です。

▶デジタルデータのメリット・デメリット

メリット	デメリット
・ノイズの影響を受けても修正しやすい ・修正や編集、複製や伝達が容易 ・コピーを繰り返しても劣化しない	・情報の複製や伝送が容易であるため、著作権等の権利を侵害しやすい。また、されやすい。 ・デジタル化の過程で微かに情報が損なわれる

2 デジタル化と符号化

コンピュータは回路の組み合わせで計算する計算機です。コンピュータの演算装置であるCPUは、「電気が流れる（1）」か「電気が流れない（0）」か、すなわち0と1の数字を組み合わせて情報を表現して処理しています。

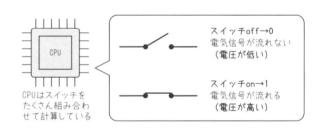

CPUはスイッチをたくさん組み合わせて計算している

スイッチoff→0
電気信号が流れない
（電圧が低い）

スイッチon→1
電気信号が流れる
（電圧が高い）

そのため、コンピュータでアナログデータを扱いたい場合は、0と1の組み合わせに変換する必要があり、アナログデータをデジタルデータに変換することをデジタル化といいます。

数値だけでなく、文字や画像、音声、動画といった情報も、0と1の2種類の数字で表現することによって、コンピュータで扱うことができるようになります。このように0と1の2種類の数字に変換することを符号化といいます。

3 ビットとバイト

コンピュータが扱う、0と1の2種類の数字で数値を表現する方法を2進法といいます。2進法で表されるデータ量の最小単位をビット（bit）といいます。1ビットで0か1の2通りの状態を表現できます。また、8ビットで1バイト（byte、B）という単位になります。1バイトで256通りの状態を表現できます。

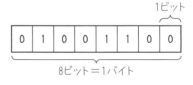

1ビット

8ビット＝1バイト

❶ デジタルデータのメリットとして誤っているものを1つ選びましょう。

　ア　大量の情報を効率よく伝送できる。

　イ　著作権を侵害するような不正コピーは起こらない。

　ウ　修正や編集が容易にできる。

　エ　多少のノイズに影響されずに情報を正確に再現できる。

❷ 次の情報の表現方式を、アナログかデジタルかに分類しましょう。

　ア　日時計　　　　　　　　　　　　**イ**　CD

　ウ　レコード　　　　　　　　　　　**エ**　サーモグラフィ

❸ 1バイトで表現できる情報は最大何通りか1つ選びましょう。

　ア　2通り

　イ　32通り

　ウ　128通り

　エ　256通り

❹ 次の文章の①～⑥に当てはまる言葉を書きましょう。

　連続的な量で表されるデータを（　①　）、段階や区切りのある値で表されるデータを（　②　）といいます。

　コンピュータは（　②　）の情報を扱う機械です。そのため、コンピュータで（　①　）を扱いたい場合は、（　③　）する必要があります。

　コンピュータが扱う、0と1の2種類の数字で数値を表現する方法を（　④　）といいます。（　④　）の1桁を表す情報の量を1（　⑤　）と表し、1（　⑤　）で2通りの情報を表現できます。また、8（　⑤　）で1（　⑥　）という単位になります。1（　⑥　）で256通りの情報を表現できます。

5 進法変換と情報の量の単位
2進法と16進法

1 情報の量

情報を区別するためにどのくらいの ON、OFF を使うかをデータ量や情報の量といい、単位をビット（bit）で表します。データ量の1ビットは、2つの状態を区別できる情報の量のことです。つまり、1ビットでは$2^1 = 2$通り、2ビットでは$2^2 = 4$通り、nビットでは2^n通りを区別できます。

2 情報の量の単位と大きさ

1ビット（bit）はコンピュータが扱う情報の最小単位です。また、8ビットで1バイト（byte、B）という単位になります。

コンピュータで扱う情報の量は非常に大きいため、バイトやビットの前にk（キロ）、M（メガ）、G（ギガ）、T（テラ）、P（ペタ）をつけて、より大きな単位を表します。

単位	読み方	大きさ
B	バイト	1B=8bit
kB	キロバイト	1kB=1000B($=10^3$B)
MB	メガバイト	1MB=1000kB($=10^6$B)
GB	ギガバイト	1GB=1000MB($=10^9$B)
TB	テラバイト	1TB=1000GB($=10^{12}$B)
PB	ペタバイト	1PB=1000TB($=10^{15}$B)

※1024でない理由は、もくじページ右下の注記をご覧ください。

3 2進法と16進法

・10進法…0から9までの10種類の数字で数値を表現する方法（わたしたちが普段、ものの個数を数えるときに使う数字）。10進法で表した数字を10進数という。
・2進法…コンピュータが扱う、0と1の2種類の数字で数値を表現する方法。2進法で表した数字を2進数という。
・16進法…2進数を右側から4桁ずつに区切ると、2進法の4桁で表せる0000〜1111の16通りと、0〜Fの16通りが一致する。そうして、2進法の4桁を1桁で表して数値を表現する方法。2進法の表現だと10進数と比べて桁数が多くなり扱いにくいことがあるため、利用される。16進法で表した数字を16進数という。

10進法	2進法	16進法
0	0	0
1	1	1
2	10	2
3	11	3
4	100	4
5	101	5
6	110	6
7	111	7
8	1000	8
9	1001	9
10	1010	A
11	1011	B
12	1100	C
13	1101	D
14	1110	E
15	1111	F

練習問題

1 1バイトは何ビットか1つ選びましょう。

　ア　2ビット

　イ　4ビット

　ウ　8ビット

　エ　16ビット

2 1kB は何バイトか1つ選びましょう。

　ア　100バイト

　イ　128バイト

　ウ　1000バイト

　エ　1024バイト

3 ひらがな50音の46文字をビットパターンに対応づけて表現するときに、最低何ビットが必要か1つ選びましょう。

　ア　4ビット

　イ　5ビット

　ウ　6ビット

　エ　7ビット

4 次のア～エに当てはまる数値を答えましょう。

1B = $\boxed{\text{ア}}$ bit

1kB = $\boxed{\text{イ}}$ B

1kB = $10^{\boxed{\text{ウ}}}$ B

1GB = $10^{\boxed{\text{エ}}}$ B

5 次の文章の①～⑥に当てはまる言葉を書きましょう。

　情報を区別するためにどのくらいの ON、OFF を使うかを（　①　）といいます。

　1（　②　）はコンピュータが扱う情報の最小単位です。また、8（　②　）で1（　③　）、1000（　③　）で1（　④　）という単位になります。

　0から9までの10種類の数字で数値を表現する方法を（　⑤　）といい、これに対して、コンピュータが扱う、0と1の2種類の数字で数値を表現する方法を（　⑥　）といいます。

　大文字のアルファベット26文字を0と1の2種類の数字で表現するときは、最低5ビットが必要です（2^4＝16通り、2^5＝32通り）。書き方や表現が異なっていても、表す数量や対象は変わらないことを意識しておきましょう。

6 2進法の計算

進法変換と情報の量の単位

1 数の表現

10進数
（123の場合）

1　2　3

↑　↑　↑

$10^2×1 + 10^1×2 + 10^0×3$

2進数
（1101の場合）

1　1　0　1

↑　↑　↑　↑

$2^3×1 + 2^2×1 + 2^1×0 + 2^0×1$

2 10進法⇔2進法、2進法⇔16進法の変換

次の図は、10進数の11と2進数の1011の変換の様子です。なお、1011$_{(2)}$ の $_{(2)}$ は、2進数であることを意味します。

▶10進法⇒2進法

```
2 )   11    余り
2 )    5  … 1
2 )    2  … 1
2 )    1  … 0
       0  … 1
    1 0 1 1 (2)
```

①2で割って余りを書いていく

②割り切れたら余りを下から読む

▶2進法⇒10進法

```
  1 0 1 1
      ↓
2^3×1+2^2×0+2^1×1+2^0×1
=8+0+2+1
=11(10)
```

①右端から、2^0、2^1、2^2、2^3……に、0か1をかける

②それらを足す

2進数は桁数が多くなり扱いにくいため、2進数を右側から4桁ずつに区切って16進数で表すこともあります。

2進数	0 0 1 1 1 0 1 1 $_{(2)}$	
	0 0 1 1	1 0 1 1
	3 $_{(10)}$	11 $_{(10)}$
	3 $_{(16)}$	B $_{(16)}$
16進数	3 B $_{(16)}$	

3 補数とは

2進法だけを考えるのであれば、先ほどまでの考え方でよいですが、コンピュータでは減算ができません。そこで、補数を使って減算を加算で行います。2進数である自然数に足したとき桁上がりしない最大の数を1の補数といいます。ある自然数に足すと桁上がりする最小の数を2の補数といいます。コンピュータでは、負の数を表現する場合、一般に2の補数を用います。

例 6$_{(10)}$の10の補数は4$_{(10)}$… 8−6＝2 ⇒ 8＋4＝12 ←桁上がりは無視
「6+3＝9」「6+4＝10」と、「+4」で桁上がりするため。
「8-6=2」を表現する場合、コンピュータでは6の10の補数（4）を使って、「8+4＝12」のように表現する。

例 1001$_{(2)}$の2の補数は0111$_{(2)}$… 1100−1001＝0011 ⇒ 1100＋0111＝10011 ←桁上がりは無視

1 次の文章の①～④に当てはまる言葉を書きましょう。

　0から9までの10種類の数字で数値を表現する10進法で表した数値を（　①　）といいます。0と1の2種類の数字で数値を表現する2進法で表した数値を（　②　）といいます。0から9とAからFの16種類の数字と文字で表現する16進法で表した数値を（　③　）といいます。

　コンピュータでは、負の数を表現する場合、一般に（　④　）を用います。（　④　）とはある自然数に足すと桁上がりする最小の数のことです。

2 次の10進数を2進数に、2進数を10進数に変換しましょう。

　　ア　$17_{(10)}$　　　　　　　　　　　**イ**　$26_{(10)}$

　　ウ　$32_{(10)}$　　　　　　　　　　　**エ**　$11_{(2)}$

　　オ　$1110_{(2)}$　　　　　　　　　　**カ**　$10101_{(2)}$

3 次の16進数を2進数に、2進数を16進数に変換しましょう。

　　ア　$5F_{(16)}$　　　　　　　　　　　**イ**　$A4_{(16)}$

　　ウ　$ED_{(16)}$　　　　　　　　　　　**エ**　$11100101_{(2)}$

　　オ　$11011000_{(2)}$　　　　　　　**カ**　$10111010_{(2)}$

4 次の4桁の整数の2の補数を求めましょう。

　　ア　$0001_{(2)}$

　　イ　$0101_{(2)}$

　　ウ　$1100_{(2)}$

> **2の補数の求め方**
>
> 例）$1001_{(2)}$の2の補数
>
> ① 0と1を反転　　　　② 1を足す
>
> 　1 0 0 1　　　　　　　0 1 1 0 ＋ 1
> 　　↓　　　　　　　　　 ＝ 0 1 1 1
> 　0 1 1 0

5 次の2進数の計算をしましょう。

　　ア　$0101_{(2)}$ ＋$1001_{(2)}$

　　イ　$0111_{(2)}$ ＋$0001_{(2)}$

　　ウ　$1100_{(2)}$ －$0011_{(2)}$

※ウはコンピュータの動作原理にならって、
　ビット長を4桁として足し算のみで計算しましょう。

> **2進数の計算**
>
> 例）$1001_{(2)}$ ＋$0101_{(2)}$
>
> 　　　　　 1 ←桁上がり
> 　　　1 0 0 1
> 　＋ 0 1 0 1
> 　―――――――
> 　　　1 1 1 0

※1＋1は2ではなく桁上がりになる。

ひとこと ポイント！ 10進法から2進法への変換で割り算を繰り返すのは、人が二人組をつくる例を考えるとわかりやすいです。○÷2をしたときの結果は、二人組が何組できて、余りが何人かを意味します。同様に続けると、二人組が2組ずつ組んで何組できて、何組余ったかが示されます。うまく組み合わせば左の桁の構成素になり、余りはその段階の桁の構成素となります。

（右側縦書き）
PART **2** 情報デザインとコミュニケーション

7 情報のデジタル化

文字のデジタル化

1 文字コードと文字コード体系

コンピュータが文字や記号を処理する場合、2進数で表現する必要があります。この文字1つひとつに対応させた2進数を文字コードといいます。文字と文字コードの対応関係を文字コード体系といいます（なお、文字コード体系を文字コードということが多い）。

7ビットで2^7＝128種類の文字や記号を割り当てることができ、半角英語文字を7ビットで表される数値に割り当てた文字コード体系を ASCII（アスキー）といいます。

▶ASCIIの文字コード体系では"J"は"1001010"

上位3ビット　100
下位4ビット　1010

2進法	16進法	上位3ビット 000	001	010	011	100	101	110	111
2進法	16進法	0	1	2	3	4	5	6	7
0000	0	コンピュータの制御のために使う記号		空白	0	@	P	`	p
0001	1			!	1	A	Q	a	q
0010	2			"	2	B	R	b	r
0011	3			#	3	C	S	c	s
0100	4			$	4	D	T	d	t
0101	5			%	5	E	U	e	u
0110	6			&	6	F	V	f	v
0111	7			'	7	G	W	g	w
1000	8			(	8	H	X	h	x
1001	9			)	9	I	Y	i	y
1010	A			*	:	J	Z	j	z
1011	B			+	;	K	[	k	{
1100	C			,	<	L	\	l	
1101	D			-	=	M	]	m	}
1110	E			.	>	N	^	n	
1111	F			/	?	O	_	o	DEL

文字コード体系には、日本語対応した JIS（ジス）コードやシフト JIS コード、EUC など、さまざまな種類があります。JIS は日本産業規格を意味します。

現在は、さまざまな言語をコンピュータ上で共通して利用するために、世界中の文字体系に対応させた Unicode（ユニコード）が普及しています。Unicode は100万以上の文字を扱える、現在最も普及している文字コード体系です。

2 文字化けが発生する仕組み

エンコードとは、文字や記号を文字コードに変換することで、デコードとは、文字コードを文字や記号に戻すことで

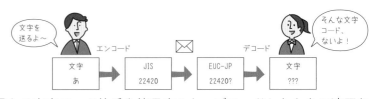

す。エンコードとデコードで異なる文字コード体系を使用すると、デコードしたときに適正な文字が表示されない文字化けが発生します。現在は Unicode が開発されたことで、文字化けは起こりにくくなっています。

3 フォント

フォントとはコンピュータで扱うときに使用する文字のデザインのことで、文字コードで割り当てられた文字はフォントを用いて表示されます。

練習問題

1 文字コード体系でないものを1つ選びましょう。

 ア エンコード

 イ ASCII

 ウ シフト JIS コード

 エ Unicode

2 ASCII の文字コード体系を使用して、"hello" を2進数と16進数に変換しましょう。

▶ASCII

上位3ビット

2進法		000	001	010	011	100	101	110	111
2進法	16進法	0	1	2	3	4	5	6	7
0000	0			空白	0	@	P	`	p
0001	1			!	1	A	Q	a	q
0010	2			"	2	B	R	b	r
0011	3			#	3	C	S	c	s
0100	4			$	4	D	T	d	t
0101	5			%	5	E	U	e	u
0110	6			&	6	F	V	f	v
0111	7			'	7	G	W	g	w
1000	8			(	8	H	X	h	x
1001	9			)	9	I	Y	i	y
1010	A			*	:	J	Z	j	z
1011	B			+	;	K	[	k	{
1100	C			,	<	L	\	l	|
1101	D			-	=	M	]	m	}
1110	E			.	>	N	^	n	~
1111	F			/	?	O	_	o	DEL

（左端：下位4ビット、中央：コンピュータの制御のために使う記号）

3 日本語文字の1文字を2バイトで表すとすると、1600字データのサイズは最大で何キロバイト（kB）になるか求めましょう。

4 次の文章の①～⑥に当てはまる言葉を書きましょう。

 コンピュータが文字や記号を処理する場合、2進数で表現する必要があります。この文字1つひとつに対応させた2進数を（ ① ）、文字と（ ① ）の対応関係を（ ② ）といいます。半角英語文字を7ビットで表される数値に割り当てた（ ② ）は（ ③ ）と呼ばれています。

 さまざまな言語をコンピュータ上で共通して利用するために、世界中の文字体系に対応させた（ ② ）が、（ ④ ）です。100万以上の文字を扱える、現在最も普及している（ ② ）です。

 文字や記号を（ ① ）に変換する（ ⑤ ）と、（ ① ）を文字や記号に戻す（ ⑥ ）で異なる（ ② ）を使用すると、文字化けが発生します。

8 音のデジタル化

情報のデジタル化

1 音のデジタル化

音は、空気の振動が波として伝わる現象です。コンピュータで音を扱う場合は、音の波形をデジタルデータに変換する必要があります。アナログデータをデジタルデータに変換することを A/D 変換、逆に、デジタルデータをアナログデータに変換することを D/A 変換といいます。

マイクロホン（マイク）の中には膜があり、空気から伝わった振動をアナログの電気信号にしたうえで、デジタル化します。「①標本化（サンプリング）→②量子化→③符号化」という3つの手順で行い、これを PCM 方式といいます。

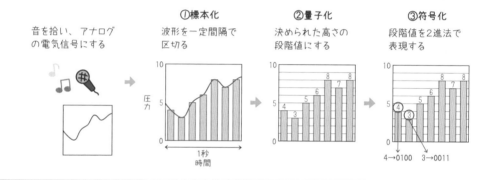

- 標本化周期…標本化する時間間隔のこと。
- 標本化周波数（サンプリング周波数）（単位：Hz、ヘルツ）…1秒間に標本化する回数のこと。デジタル化の過程で一部の情報が失われる。
- 標本化定理…音に関しては、音をデジタル化するとき、元の音の最高周波数の2倍より大きい標本化周波数で標本化すれば、人間の耳では失われる情報がわからない程度のデジタル化ができるとされること。
- 量子化ビット数…量子化に用いる段階の数のこと。

2 標本化周波数と量子化ビット数

標本化周波数や量子化ビット数を大きくすれば、より細かく音の波形を表現できるため原音に近くなりますが、データ量が大きくなります。

▶PCM方式でデジタル化した音のデータ量の求め方

1秒あたりのデータ量（ビット）
＝ 標本化周波数 × 量子化ビット数 × チャンネル数

ヘッドホンやイヤホンは右と左で別の音が流れる。
モノラル（左右同じ音）＝1チャンネル
ステレオ（左右別の音）＝左右2チャンネル

練習問題

1 音のデジタル化について、標本化・量子化・符号化の説明として当てはまるものをそれぞれ1つずつ選びましょう。

　ア　何段階かに分けた数値に変換する。

　イ　数値を2進数に置き換える。

　ウ　電気信号にした音の波形を一定の時間間隔に区切る。

2 次の波形を時間の記述があるタイミングでサンプリングして、符号化しましょう。

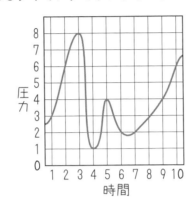

3 一般に人間の聞くことができる周波数の範囲は20Hzから20000Hzといわれています。標本化定理に従うと、人間の聞くことができる周波数を標本化するとき、標本化周波数は何Hzより大きくする必要があるか求めましょう。

4 一般的な音楽CDは、標本化周波数が44100Hz、量子化ビット数が16ビット、2チャンネルで表現されます。このCDの1分間の音のデータ量は約何メガバイト（MB）になるか、小数点以下は四捨五入して求めましょう。

5 次の文章の①〜⑦に当てはまる言葉を書きましょう。

　　音をデジタル化するには3つの手順が必要です。まず、（　①　）で電気信号にした音の波形を一定間隔で区切ります。（　①　）する時間間隔を（　②　）、1秒間に（　①　）する回数を（　③　）といいます。音をデジタル化するとき、元の音の最高周波数の2倍より大きい（　③　）で（　①　）すれば、正確に音をデジタル化できるとされています。このことを（　④　）といいます。

　　次に、（　⑤　）で波形にあらかじめ定められた段階値を割り当てます。このとき（　⑤　）に用いる段階の数が（　⑥　）です。

　　最後に（　⑦　）で段階値を2進数に置き換えます。

情報のデジタル化

画像のデジタル化

1 画像のデジタル化と解像度・階調

　音の場合と同じように、コンピュータで扱う画像も、「標本化→量子化→符号化」の手順でデジタル化が行われます。

①標本化
画像を等間隔の格子状に分割し色の濃淡を読み取る

②量子化
区画の濃淡を数値に変換

③符号化
量子化した数値を2進法に変換

R	G	B
236	109	86

11101100…

・解像度…画素（画像を構成する最小単位。ピクセルともいう）の細かさ。
・階調…量子化に用いる色成分の段階の数。

画素数 10×10　画素数 25×25　画素数 250×250

低 ←――――→ 高
解像度（画像の密度）

2 画像処理ソフトウェアの種類

　画像を作成・処理するソフトウェアには**ペイント系**と**ドロー系**があります。

▶ペイント系　　▶ドロー系

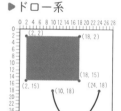

・**ペイント系**…画素の濃淡で表現するビットマップ画像を扱う。この表現方法を**ラスタ形式**という。拡大するとギザギザが見えてくる。
・**ドロー系**…座標や数式で画像を表現する。この表現方法を**ベクタ形式**という。拡大しても滑らかな画像に見える。

▶ビットマップ画像のデータ量の求め方

ビットマップ画像のデータ量（ビット）＝1画素あたりのデータ量×総画素数
※1画素あたりのデータ量は、1色あたりのデータ量×色数で求める。

3 色の表現方法

・**加法混色**…テレビやコンピュータのディスプレイにおける色の表現方法。光の3原色と呼ばれる赤（R）、緑（G）、青（B）の**RGB**を使う。
・**減法混色**…カラープリンタなどの印刷物における色の表現方法。

色の3原色と呼ばれる**シアン（C）、マゼンタ（M）、イエロー（Y）**の**CMY**で色を表現する。実際の印刷の際は、CMYだけではきれいな黒を表現できないため、黒（Key plate の K）を加えた**CMYK**の4色のインクを使う。

1 画像のデジタル化について、標本化・量子化・符号化の説明として当てはまるものをそれぞれ1つずつ選びましょう。

　ア　画像を画素に分割し、色の濃淡を読み取る

　イ　数値を2進数に置き換える。

　ウ　何段階かに分けた数値に変換する。

2 光の3原色でないものを1つ選びましょう。

　ア　赤

　イ　青

　ウ　緑

　エ　黄

3 ベクタ形式の画像を拡大したときの特徴を1つ選びましょう。

　ア　画像を座標や数式で表現しているので、拡大しても滑らかに見える。

　イ　画像を画素の濃淡で表現しているので、拡大すると画素の格子状が目立つ。

　ウ　画像を拡大すればするほど色の濃淡が濃くなる。

4 画素数1024×768ピクセルで、RGB各色を8ビットでデジタル化したときのビットマップ画像のデータ量は何キロバイト（kB）になるか、小数点以下は四捨五入して求めましょう。

5 次の文章の①～⑪に当てはまる言葉を書きましょう。

　デジタル画像は（　①　）といわれる粒の集合によって構成されます。（　①　）の密度を（　②　）といい、たとえば1ピクセルあたりにどの程度の（　①　）があるかを示します。（　②　）が高ければきめ細かな画像になり、元の画像に近くなります。量子化に用いる色成分の段階の数は（　③　）といい、（　③　）が大きいほど多くの色が表現できます。

　画像処理ソフトウェアのうち、画素の濃淡で表現するビットマップ画像を扱うものを（　④　）系ソフトウェアといい、この表現方法を（　⑤　）形式といいます。（　⑤　）形式の画像は、（　①　）の集まりとして表現するので、拡大するとギザギザが見えます。一方、座標や数式で画像を表現する画像処理ソフトウェアを（　⑥　）系ソフトウェアといい、この表現方法を（　⑦　）形式といいます。（　⑦　）形式の画像は、拡大しても、その都度計算されてギザギザができません。

　テレビやコンピュータのディスプレイは（　⑧　）の3原色と呼ばれる赤（R）、緑（G）、青（B）のRGBで色が表現されます。この表現方法を（　⑨　）混色といいます。対して、カラープリンタでは（　⑩　）の3原色と呼ばれるシアン（C）、マゼンタ（M）、イエロー（Y）のCMYで色が表現されます。この表現方法を（　⑪　）混色といいます。

10 情報のデジタル化
動画のデジタル化

1 動画の表現

　動画は、1枚1枚の静止画像を連続的に表示することで表現しています。動画を構成する1枚1枚の静止画像を**フレーム**といいます。1秒間に使われているフレーム数を**フレームレート**といい、単位を fps(Frames Per Second) で表します。

　フレームレートを上げるとその分、動画は滑らかに表現できますが、データ量は大きくなります。

1フレーム

1秒間に4フレーム＝4fps

▶動画のデータ量の求め方

動画のデータ量（ビット）
＝1フレームのデータ量（ビット）×フレームレート×動画の時間（秒）

2 動画のデジタル化と圧縮

　動画はデータ量が大きいため、多くの場合、圧縮して利用します。

・**フレーム内圧縮**…1枚1枚のフレームを画質が損なわない程度に圧縮する方法。

・**フレーム間圧縮**…フレーム間の変化がある差分情報だけ記録する方法。

フレーム内圧縮のみ

フレーム内圧縮+フレーム間圧縮

差分情報のみ記録

3 動画データのファイル形式

　動画は映像と音声を扱い、動画の圧縮技術にもさまざまなものがあるため、多くのファイル形式があります。

ファイル形式	
AVI	標準的なファイル形式。データサイズは大きい。
MPEG	MPEG-1規格で圧縮されたファイル形式。
MP4	MPEG-4規格で圧縮されたファイル形式。
MOV	マルチメディア技術 QuickTime に対応するファイル形式。
WMV	デジタル著作権管理機能に対応したファイル形式。
HEIF	画像と動画に対応した圧縮形式の1つ。高圧縮。

 練習問題

1 フレームの説明として当てはまるものを1つ選びましょう。

ア　デジタル画像を構成する粒の集合

イ　動画を構成する1枚1枚の静止画像

ウ　動画の1秒間に使われる静止画数の枚数

エ　動画データのファイル形式

2 フレームレートの説明として当てはまるものを1つ選びましょう。

ア　フレームレートが高いほどデータ量が小さくなる。

イ　フレームレートが高いほど解像度が高くなる。

ウ　フレームレートが高いほど動画データの圧縮率が高くなる。

エ　フレームレートが高いほど動画が滑らかに表現できる。

3 現代の製品の一例を考えます。最新ゲーム機、監視カメラ、テレビのフレームレートとして適当なものを、ア～ウから1つずつ選びましょう。

最新ゲーム機

映像が滑らかなほど、
快適に操作できる

監視カメラ

一時停止して確認する
ため、カクカクしてもOK

テレビ

滑らかに動いて見える

ア　5fps　　　　　イ　30fps　　　　　ウ　60fps

4 1フレームあたりのデータ量が1MBで、フレームレートが30fpsの無圧縮の動画の1分間のデータ量は何メガバイト（MB）になるか求めましょう。

5 次の文章の①～④に当てはまる言葉を書きましょう。

　動画は、1枚1枚の静止画像を連続的に表示することで表現しています。動画を構成する1枚1枚の静止画像を（　①　）といいます。1秒間に使われている（　①　）の数を（　②　）といい、単位をfpsで表します。（　②　）を上げると動画を滑らかに表現できますが、データ量は大きくなります。

　動画はデータ量が大きいため、多くは圧縮して利用します。1枚1枚のフレームを画質が損なわない程度に圧縮する方法を（　③　）、フレーム間の変化がある差分情報だけ記録する方法を（　④　）といいます。

 ノートの隅に描くパラパラ漫画も、フレームの考え方と一緒です。

情報のデジタル化

11 データの圧縮

1 データの圧縮

データの内容や意味を保ったまま、データ量を減らす処理を圧縮といいます。圧縮された
データを圧縮前の状態に戻すことを展開（または解凍）といいます。

圧縮形式には、圧縮したファイルを圧縮する前の状態に戻せる可逆圧縮と、戻せない非可逆
圧縮があり、一般的に、可逆圧縮より非可逆圧縮のほうが圧縮率が高くなります。

▶圧縮率の求め方

$$圧縮率（\%）＝\frac{圧縮後のデータ量}{圧縮前のデータ量}×100$$

2 ランレングス法

ランレングス法とは、同じデータが連続する部分に注目して圧縮する可逆圧縮の方法です。

▶ビットマップデータ「L」の圧縮

白をa黒をb	a	b	a	b	a	b	a	b	a	b	a	b	a
連続するデータの数	1	1	5	1	5	1	5	1	5	1	5	4	1

aとbを連続するデータ数に置き換える。
このデータは1～5の3ビットで13個の数値からなる
ので、3×13＝39ビット。39÷36×100≒108（％）に
圧縮できたことになる。
このように、連続する部分が少ないと逆にデータ量
が増えてしまうこともある。

データ量は0と1が
6×6マスあるので
36ビット。

白いマスをa、黒
いマスをbに置き
換える。

3 ハフマン符号化

ハフマン符号化とは、出現頻度の高いデータを短いビット列に、出現頻度の低いデータを長い
ビット列に符号化する可逆圧縮の方法です。

▶テキストデータ「DAECBACBBBC」の圧縮

文字	符号
A	000
B	001
C	010
D	011
E	100

文字	個数	符号
B	4	0
C	3	10
A	2	110
D	1	1110
E	1	1111

D A E C B A C B B B C
1110 110 1111 10 0 110 10 0 0 0 10

1文字を3ビット
とすると、11×3
＝33ビット。

出現頻度の低いDとEから接点の○を
つくる。続いてA、C、Bの順。

Bは1ビット×4個＝4ビット。同じように
C、A、D、Eも計算して合計すると、1×4
＋2×3＋3×2＋4×1＋4×1＝24ビット。
24÷33×100≒73（％）に圧縮できたことになる。

練習問題

1 非可逆圧縮について述べているものを1つ選びましょう。

ア 圧縮する前の状態に戻すことができる圧縮形式のこと。

イ 圧縮する前の状態に戻すことができない圧縮形式のこと。

ウ 圧縮方法には、ランレングス法やハフマン符号化などがある。

エ 圧縮されたデータを圧縮前の状態に戻すこと。

2 ア〜ウに示す圧縮率を、圧縮率の高い順に並べましょう。

ア 120%　　イ 50%　　ウ 10%

3 842kB の xlsx ファイルを zip ファイルに圧縮したところ、49kB になりました。このときの圧縮率は何%になるか、小数点以下は四捨五入して求めましょう。

4 テキストデータ「AAAAAABBBC」をランレングス法で圧縮すると「A6B3C1」と表すことができます。これを参考に A を赤、B を緑、C を白として、下のドット絵をランレングス法で圧縮しましょう（左上のマスから右に向かって数え、一番右までできたら一段下の左から右に向かって数えましょう）。

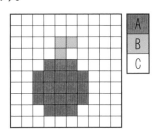

5 次の文章の①〜⑤に当てはまる言葉を書きましょう。

　圧縮したファイルを、圧縮する前の状態に戻すことができる圧縮形式を（　①　）、圧縮したファイルを圧縮する前の状態に戻すことができない圧縮形式を（　②　）といいます。（　③　）とは、圧縮されたデータを圧縮前の状態に戻すことです。

　（　④　）は、同じデータが連続する部分に注目して圧縮する（　①　）の方法です。（　④　）は、データ中に連続する部分が少ないと、圧縮した際にデータ量が増えてしまうこともあります。

　（　⑤　）は、出現頻度の高いデータを短いビット列に、出現頻度の低いデータを長いビット列に符号化する（　①　）の方法です。

ひとこと
ポイント！

消したりごまかしたりしても人が気づかないようにデータを削減すると、データ量を減らせます。たとえば音であれば、人の耳は高すぎる音は聞こえないので、高い部分の音を消して保存することができます。これは非可逆圧縮の例です。

ちなみに、人に聞こえなくてもマイクは高い音を拾うので、人には聞こえない音でコンピュータに命令する技術もあります。

12 情報デザイン
情報デザイン

1 情報デザイン

効果的なコミュニケーションや社会や身のまわりの問題解決のために、情報を整理したり、わかりやすく伝達したりすることを目的とした技術やデザインを情報デザインといいます。

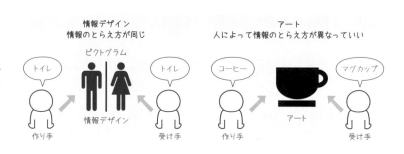

情報デザインは、制作側の意向を優先して作成するのではなく、情報を受け手にわかりやすく伝えることやコミュニケーションを円滑にすることなど、利用者の立場に立ったデザインの工夫が求められます。

情報デザインの方法には、情報の抽象化・可視化・構造化があります。

2 情報の抽象化

情報の抽象化とは、情報のうち、必要な部分のみを抜き出して表現する方法です。物事の特徴をとらえて、情報をシンプルに表現することで、わかりやすく情報を伝えることができます。

例 アプリケーションのアイコン表示、案内表示などに使われるピクトグラム

3 情報の可視化

情報の可視化とは、データを視覚的にわかりやすく表現する方法です。画像やアニメーションのような視覚的表現を使用することで、よりわかりやすく情報を伝えることができます。

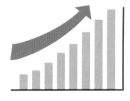

例 データを表で表すこと、グラフ化や図解化すること

4 情報の構造化

情報の構造化とは、情報の要素どうしの関係性を見極めて、階層的に整理し表現する方法です。情報を並列し、順序、分岐、階層などに整理します。

例 ページレイアウト、Web サイトの階層メニュー

練習問題

1 情報デザインについて正しく述べているものを1つ選びましょう。

ア　効果的なコミュニケーションや問題解決のためのデザイン
イ　情報社会で適正な活動を行うためのもとになる考え方と態度
ウ　見た目の美しさを追求する考え方
エ　情報の送り手と受け手の間を媒介するもの

2 情報デザインとして適切でないものを1つ選びましょう。

ア　コミュニケーションを円滑化するために役立つ。
イ　情報量が増加する現代社会で必要性が高まっている。
ウ　抽象化・可視化・構造化といった手法がある。
エ　情報の受け手によってそれぞれの受け取り方ができる。

3 情報の抽象化・可視化・構造化の事例をそれぞれ1つずつ選びましょう。

ア　ページの大見出しや　　　　イ　非常口を表す　　　　ウ　データの棒グラフ
　　小見出し　　　　　　　　　　　ピクトグラム

大見出し
小見出し

小見出し

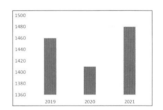

4 次の文章の①〜④に当てはまる言葉を書きましょう。

　デザインはコミュニケーション手段の1つです。デザインには必ず目的があり、その目的によって、デザイン方法も異なります。

　（　①　）とは、効果的なコミュニケーションや問題解決のために、情報を整理したり、わかりやすく伝達することを目的としたデザインのことです。（　①　）では、情報を受け手にわかりやすく伝えることやコミュニケーションを円滑にすることなど、利用者の立場に立ったデザインの工夫が求められています。

　情報デザインで用いられる手法の1つに、情報のうち必要な部分のみを抜き出して表現する、情報の（　②　）化があります。また、データを視覚的にわかりやすく表現する、情報の（　③　）化という方法もあります。さらに、情報の要素どうしの関係性を見極めて構造的に整理し表現する、情報の（　④　）化もあります。

　デザインには「設計」という意味があります。その設計で何かの問題を解決しています。この見開きページで扱った内容も、何かを解決する一助になっていますよね。

13 情報デザイン

ユニバーサルデザイン

1 ユニバーサルデザインとは

・ユニバーサルデザイン…文化や言語、国籍の違い、年齢、障害の有無などにかかわらず、すべての人にとって使いやすく配慮されたデザイン。

・カラーユニバーサルデザイン…ユニバーサルデザインの中でも、色の見え方・感じ方の個人差に配慮し、すべての人に正確に伝わるように工夫したデザイン。色自体の工夫だけでなく、多色を用いたグラフに文字情報を付け加えるといった工夫もできる。

・カラーバリアフリー…人の色の見え方は一律ではなく、中には、見分けづらい色がある人もいる（赤と緑を見分けづらい、赤とオレンジを見分けづらい、など）。そういった人でも色の差を感じられるような工夫のこと。

2 ユーザインタフェースとユーザエクスペリエンスの違い

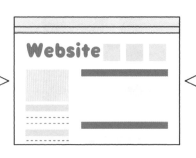

ユーザインタフェース (UI)

利用者とコンピュータの間の情報の表示形式やデータ入力の方式。
・画面のレイアウト
・フォント
・リンクのボタン

ユーザエクスペリエンス (UX)

製品やサービスを通じて利用者が得られる体験のこと。
・サービスの質がいい
・情報が正確
・レイアウトがきれい
・フォントが見やすい
・操作がしやすい

3 アクセシビリティとユーザビリティ

　ものやサービスのデザインにおいて、便利さや利用のしやすさを考える尺度としてアクセシビリティとユーザビリティがあります。

　アクセシビリティは、「アクセスのしやすさ」と訳され、より多くの人がものやサービスを利用できる状態にすることが目的です。ユーザビリティは、「使いやすさ」と訳され、使える状態をより使いやすい状態にすることが目的です。

ユニバーサルデザイン

使いやすい
使うことはできる
使いにくい
使えない

ユーザビリティ 高 低

アクセシビリティ 高 低

練習問題

1 ユニバーサルデザインの説明として誤っているものを1つ選びましょう。

　ア　誰でも公平に利用できる。

　イ　文化や言語の違いで操作性が変わる。

　ウ　簡単で直感的に操作できる。

　エ　安全性が保障されている。

2 ユニバーサルデザインの視点があるグラフはどちらでしょうか。

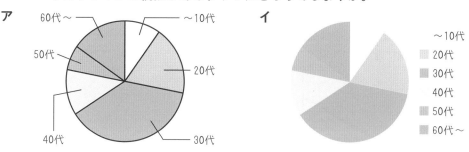

3 次の文章の①〜⑦に当てはまる言葉を書きましょう。

　（　①　）とは、文化や言語、国籍の違い、年齢、障害の有無などにかかわらず、すべての人にとって使いやすく配慮されたデザインのことです。とくに色の見え方・感じ方の個人差にも配慮し、すべての人に正確に伝わるように工夫したデザインを（　②　）といいます。また、人によっては一部の色を見分けられない場合があります。そういった人が色の差を感じられるような工夫を（　③　）といいます。

　（　④　）とは、利用者とコンピュータの間の情報の表示形式やデータ入力の方式で、（　⑤　）とは、製品やサービスを通じて利用者が得られる体験のことです。

　ものやサービスまでの「アクセスのしやすさ」を（　⑥　）といいます。より多くの人が利用できる状態にするために（　⑥　）の向上が必要です。一方、ものやサービスの「使いやすさ」「わかりやすさ」を（　⑦　）といいます。使える状態のものをより使いやすい状態にするために（　⑦　）の向上が必要です。

14 情報デザイン
デザイン思考に沿った情報デザインの制作の流れ

1 デザイン思考の5つのプロセス

ユーザの問題を解決するために活用する考え方の1つに、デザイン思考があります。情報デザインにおいても、デザイン思考に沿って制作することが有効的です。

▶デザイン思考の5つのプロセス

各プロセスの順番は意識する必要はなく、相互に関係し合うものなので、それぞれのプロセスを行ったり来たりして、完成に近づけていく。

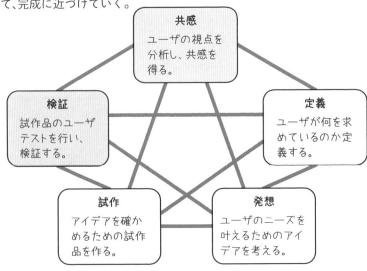

共感
ユーザの視点を分析し、共感を得る。

検証
試作品のユーザテストを行い、検証する。

定義
ユーザが何を求めているのか定義する。

試作
アイデアを確かめるための試作品を作る。

発想
ユーザのニーズを叶えるためのアイデアを考える。

2 ペルソナ手法とは

製品やサービスを開発する際にユーザ理解をするための方法に、ペルソナ手法があります。ユーザの調査などを行い、それらのデータをもとに、仮想のユーザであるペルソナ（Persona）を作り、ペルソナを満足させることを目標に設計開発を行う手法です。ペルソナ手法は、ユーザが明確化し、ユーザの求めているものがわかりやすくなるため、ユーザ理解につながります。

▶高校の広報活動におけるペルソナ手法の例

オブザベーション
本校に興味のある
中学生の中から

ペルソナ
具体的な仮想の中学生
（ペルソナ）を作る

ハルオ
年齢：15歳
出身地：茅ヶ崎
趣味：歴史ゲーム
送りたい高校生活：プログラミングを学べて、ITに力を入れている学校に入りたい。卒業後は大学に進学したい。

　ペルソナ手法はユーザの調査、分析などに時間や費用といった労力が必要なので、簡易手法であるプロトペルソナを利用する場合もあります。プロトペルソナとは、開発者が既存のデータから推察する架空のユーザのことです。

1 デザイン思考について正しく述べているものを1つ選びましょう。

ア　デザインするときにユーザの問題を解決するために活用する考え方

イ　デザインするときに実用性だけでなく芸術性を重視する考え方

ウ　デザインするときに業務をなるべく簡略化する考え方

エ　デザインするときに制作側の意向を優先する考え方

2 デザイン思考のプロセスとして「共感」に当てはまるものを1つ選びましょう。

ア　ユーザにインタビューやアンケートを行い、その結果を分析する。

イ　開発チーム内でブレーンストーミングを行う。

ウ　試作品を制作する。

エ　試作品のユーザテストを行う。

3 ペルソナ手法について正しく述べているものを1つ選びましょう。

ア　効果的なコミュニケーションや問題解決のための技術

イ　ユーザの調査などを行い、仮想のユーザを作る手法

ウ　集団で多くのアイデアを出すための手法

エ　ある集団の中から一部を抽出して調べる調査方法

4 次の文章の①〜⑥に当てはまる言葉を書きましょう。

　デザインを行う際に、（　①　）という考え方があります。（　①　）は、ユーザの考えや行動を分析し、問題を解決するために活用されます。これは、情報デザインの目的以外にも、製品やサービスの開発するために、広く社会で使われています。

　（　①　）には次の5つのプロセスがあります。ユーザの視点を分析する（　②　）、ユーザのニーズを決め、何が課題なのか見出す（　③　）、見出した課題の解決方法を考案する（　④　）、考案したアイデアを確かめるために試作品を作る（　⑤　）、試作品のテストを行い、結果を分析・評価する（　⑥　）です。各プロセスの順番は意識する必要はなく、それぞれのプロセスを行ったり来たりして、完成に近づけていきます。

> **ひとことポイント！**　情報デザインでは、情報の受け手のことを理解する「ユーザ理解」が大切です。たとえば高校生向けの参考書を作るとして、ユーザ（高校生）をしっかりと理解できていれば、ユーザが使いやすい参考書を作れますが、ユーザ理解が甘いと、ユーザにとって使いにくい参考書になってしまいます。
>
> この考え方は製品やサービスを開発するときだけでなく、「新入部員募集ポスター」や「授業での発表」といった場面でも役立ちます。

PART 2 チャレンジ問題

1 次の図は、モノクロ画像を16画素モノクロ8階調のデジタルデータに変換する手順を示したものである。このとき、手順1～3では以下の処理を行っている。①～③に当てはまる用語を答えなさい。

・手順1では画像を等間隔の格子状の区画に分割する（　①　）化を行う。
・手順2では区画の濃淡を一定の規則に従い整数値に置き換える（　②　）化を行う。
・手順3では整数値を2進法で表現する（　③　）化を行う。

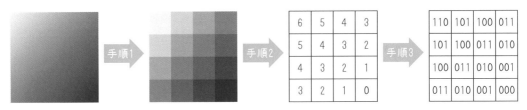

2 次の文章は画像のデジタル化に関して書いてある。①～⑥に当てはまる語句を、補足を参考に答えなさい。

　コンピュータのディスプレイは、（　①　）の3色をいろいろな割合で混ぜて、あらゆる色を表現している。この3色を（　②　）の3原色という。（　①　）を同じ割合で重ねると（　③　）色に近づく。
　一方でカラープリンタの場合は、（　④　）のインクの割合で色を表現する。この3色を（　⑤　）の3原色という。ただし、（　④　）の色だけを混ぜても正確な（　⑥　）色を表現することが難しいため、プリンタでは（　⑥　）色のインクを加えた4色を用いている（この4色が基本であるが、プリンタの機種によっては、より多くのインクの色を使っている）。

> 補足
> （　①　）に当てはまる3色の色を答えなさい。
> （　②　）に当てはまる用語を漢字1文字で答えなさい。
> （　③　）に当てはまる色を1色答えなさい。
> （　④　）に当てはまる3色の色を答えなさい。
> （　⑤　）に当てはまる用語を漢字1文字で答えなさい。
> （　⑥　）に当てはまる色を1色答えなさい。

3 次のア〜エは、動画のデジタル表現についての説明である。正しいものには
〇を、間違っているものには×を書きなさい。

ア 動画を構成する1枚1枚の静止画像をフレームという。

イ 1秒間に動画が何枚の画像で構成されているかを示す単位を fps という。

ウ フレームレートの数値が小さいほど、動きは滑らかになる。

エ 静止画1枚のデータ量が500kB、フレームレートが20fps、1分間の動画のデータ量
は約600MB になる。

4 情報を送るときにノイズが入り、情報が送
信者から受信者へ正しく伝わらないことが
ある。そのため、あらかじめ冗長な情報を
つけることで誤りを見つける「パリティ
ビット」という仕組みがある。
右のカードはもともとは3列×3行のカー
ドであるが、それぞれの行と列で白と黒の
カードが偶数になるように、4列目と4行
目に冗長な情報をつけた。しかし、1カ所
にノイズが入り、データが元の状態から変
わった状態で届いた。
①その場所の列と行を示し、②なぜその場所なのか、それぞれ答えなさい。

5 情報のデジタル化の計算や変換についての、ア〜オの問いに答えなさい。

ア 2進数「101011」を10進数に変換しなさい。

イ 10進数「23」を2進数に変換しなさい。

ウ 10進数「26」を16進数に変換しなさい。

エ テキストデータ AABBBBCCAAAA をランレングス圧縮しなさい。

オ テキストデータ ABAAAECAABADAAABC をハフマン符号化したときの、B の符号を
答えなさい。

1 コンピュータの仕組み
コンピュータの構成と ハードウェア

1 コンピュータの構成

コンピュータはハードウェアとソフトウェアで構成されています。

ハードウェアは五大装置と呼ばれる5つの装置に分類されます。外部からデータを取り込む入力装置、データを記憶する記憶装置、データの計算を行う演算装置、外部へデータを出力する出力装置、これらの装置を命令し動作させる制御装置の5つで、このうち演算装置と制御装置を合わせて CPU（中央処理装置）といいます。記憶装置には CPU と直接データのやり取りをする主記憶装置（メインメモリ）と膨大なデータを長期的に保存するための補助記憶装置があります。

ハードウェアを動かすためのデータやプログラムをソフトウェアといいます。

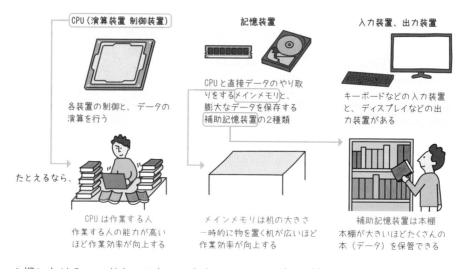

CPU（演算装置 制御装置）	記憶装置	入力装置、出力装置
各装置の制御と、データの演算を行う	CPU と直接データのやり取りをするメインメモリと、膨大なデータを保存する補助記憶装置の2種類	キーボードなどの入力装置と、ディスプレイなどの出力装置がある

たとえるなら、

CPU は作業する人
作業する人の能力が高いほど作業効率が向上する

メインメモリは机の大きさ
一時的に物を置く机が広いほど作業効率が向上する

補助記憶装置は本棚
本棚が大きいほどたくさんの本（データ）を保管できる

▶ゲーム機におけるハードウェアとソフトウェア

ゲームソフトのデータ（ソフトウェア）
+ゲーム機（ハードウェア）

入力されたデータに合わせてソフトウェアがゲームの動きを決める

▶ゲーム機におけるハードウェアの働き

ゲーム機本体
→ 制御の流れ
→ データの流れ
CPU
制御装置
演算装置
メインメモリ
補助記憶装置
コントローラ 入力装置
記憶装置
ディスプレイ 出力装置

2 コンピュータと周辺機器

コンピュータと接続して使用する機器のことを周辺機器といいます。コンピュータと周辺機器を接続する箇所をインタフェースといいます。

1 ハードウェアについて説明しているものを1つ選びましょう。

　ア　コンピュータ内部に物理的に存在しているコンピュータを構成する装置

　イ　コンピュータを動作させるデータやプログラム

　ウ　ダウンロードして遊ぶゲームソフトのデータ

　エ　コンピュータと周辺機器を接続する箇所

2 次のうち入力装置でないものを1つ選びましょう。

　ア　キーボード

　イ　マウス

　ウ　ハードディスクドライブ

　エ　タッチパネル

3 次のコンピュータの五大装置の働きのうち、A～Cに当てはまる言葉を答えましょう。

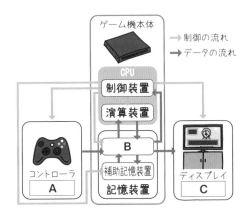

4 次の文章の①～⑩に当てはまる言葉を書きましょう。

　　コンピュータ内部に物理的に存在しているコンピュータを構成する装置を（　①　）といいます。（　①　）は、外部からデータを取り込む（　②　）、データを記憶する（　③　）、データの計算を行う（　④　）、外部へデータを出力する（　⑤　）、これらの装置を命令し動作させる（　⑥　）で構成されています。このうち（　④　）と（　⑥　）を合わせて（　⑦　）といいます。（　③　）には（　⑦　）と直接データのやり取りをする（　⑧　）と、膨大なデータを長期的に保存するための（　⑨　）があります。

　　（　①　）を動かすためのデータやプログラムを（　⑩　）といいます。

 以前は機械ごとに異なったインタフェース（ケーブル端子）でしたが、現在は統一規格としたUSBが多く用いられています。また、無線技術で接続することも増えました。

2 コンピュータの仕組み
ソフトウェア

1 基本ソフトウェアと応用ソフトウェア

コンピュータ上で動作するソフトウェアは大きく基本ソフトウェア（OS、オペレーティングシステム）と応用ソフトウェア（アプリケーションソフトウェア）の2つに分類されます。ハードウェアを制御したり、応用ソフトウェアを動作させたりするソフトウェアを基本ソフトウェア（OS、オペレーティングシステム）といいます。文書作成や表計算など特定の作業に用いるソフトウェアを応用ソフトウェア（アプリケーションソフトウェア）といいます。

ソフトウェア

基本ソフトウェア	応用ソフトウェア
OS(オペレーティングシステム)などがあり、端末の管理や制御を行う	OS上で目的に応じて動作するソフトウェアで、一般的にはアプリと呼ばれる
例:Microsoft Windows、Mac OS、Chrome OS、iOS、Androidなど	例:Microsoft Word、iMovie、Googleマップなど

2 基本ソフトウェアの役割

基本ソフトウェアが個々のハードウェアによる違いを吸収し、処理することによって、応用ソフトウェアは個々のハードウェアの違いに影響されず動作することができます（たとえば、スマートフォンの機種によってボタンの配置や画面サイズは異なるが、同じアプリを使うことができる）。いわば、基本ソフトウェアはハードウェアと応用ソフトウェアの仲介役です。

また、基本ソフトウェアはマウスやキーボードなどの周辺機器の違いを吸収し、同じハードウェアで制御する役割もあります。さらに、CPUの処理を管理するタスク管理やメインメモリ、ファイルなどの管理を行っています。これらの管理によって、コンピュータは効率的に動作できるようになります。

▶OSの役割

入出力の管理

マウスやキーボードなどの外部装置とのやり取りを管理する

タスク管理

ソフトウェアの起動や終了、切り替えなどを管理する

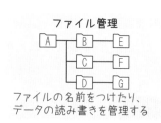

ファイル管理

ファイルの名前をつけたり、データの読み書きを管理する

練習問題

1 ソフトウェアの説明として誤っているものを1つ選びましょう。

ア ハードウェアを動かすためのデータやプログラムをソフトウェアという。

イ 基本ソフトウェアには OS（オペレーティングシステム）などがある。

ウ 応用ソフトウェアがなくてもコンピュータは動作する。

エ 基本ソフトウェアをアップデートしなくてもセキュリティ上の問題はない。

2 基本ソフトウェアについて正しく説明しているものを1つ選びましょう。

ア コンピュータ内部の演算や制御を行う装置

イ ハードウェアの管理や制御を行うプログラム

ウ 文書作成や表計算など特定の作業に用いるプログラム

エ コンピュータと周辺機器を接続する箇所

3 基本ソフトウェアの役割として誤っているものを1つ選びましょう。

ア ハードウェアと応用ソフトウェアの仲介を行う。

イ 文書の作成を行う。

ウ メインメモリ、ファイルなどの管理を行う。

エ コンピュータ本体と周辺機器とのやり取りの管理を行う。

4 応用ソフトウェアでないものを1つ選びましょう。

ア Adobe Photoshop

イ Google マップ

ウ Microsoft Windows

エ iMovie

5 次の文章の①〜⑤に当てはまる言葉を書きましょう。

　コンピュータ上で動作するデータやプログラムを（　①　）といいます。（　①　）には、文書作成や表計算など特定の作業に用いる（　②　）と、ハードウェアを制御したり（　②　）を動作させたりする（　③　）があります。

　（　③　）にはハードウェアと（　②　）を仲介する役割があります。また、（　③　）はマウスやキーボードなどの（　④　）の違いを吸収し、同じハードウェアで制御する役割があります。さらに、CPU の処理を管理する（　⑤　）管理やメインメモリ、ファイルなどの管理を行っています。

ひとことポイント！　スマートフォンの OS アップデートをしたら、今まで使えていたアプリがうまく動かなくなった、という経験がある方はいませんか？　基本ソフトウェア（OS）は、ハードウェア（スマホ本体）と応用ソフトウェア（アプリ）の仲介役をしています。つまり、スマホの基本ソフトウェア（OS）をアップデートした結果、スマホ本体とアプリがうまくかみ合わなくなり、不具合が起きることがあるのです。

3 処理の仕組み CPUとメモリ

1 メモリとCPUの関係

・記憶装置…コンピュータで扱うプログラムやデータが記憶されているところ。CPU と直接データのやり取りをする主記憶装置（メインメモリ）と、補助記憶装置がある。メインメモリを増設すると、コンピュータの処理速度を上げることができる

・CPU（中央処理装置）…演算装置と制御装置から成り立つ。各装置の制御と、データの演算を行う。

▶プログラムの動作の仕組み

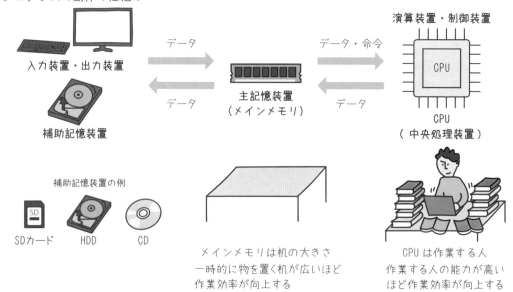

2 CPUの処理能力

　CPU はオーケストラの指揮者のように、コンピュータ内部の各回路の動作のタイミングを合わせています。そのための信号を、クロック信号といいます。

　クロック信号を生成させるための回路は、クロックジェネレータといいます。

　クロックジェネレータが1秒間に発するクロック信号の回数（単位：Hz、ヘルツ）は、クロック周波数といい、CPU の性能を表す尺度の1つです。

　クロック周波数を高くすることで、1秒あたりの演算回数が増え、CPU の性能が高まります。しかし、その分消費電力が上がり、発熱量が大きくなります。近年では、クロック周波数を上げるのではなく、複数の処理を並行して行えるようにするなどの工夫によって、コンピュータの処理速度の向上が図られています。

練習問題

1 CPU の説明として誤っているものを1つ選びましょう。

　ア　コンピュータ全体に指示を送る制御の役割を担う部分がある装置である。

　イ　命令とデータに基づいて処理を実行する装置である。

　ウ　データの処理の結果を記憶するための装置である。

　エ　CPU の性能を上げるとコンピュータの処理速度が向上する。

2 メインメモリの説明として誤っているものを１つ選びましょう。

　ア　CPU と直接データのやり取りをする記憶装置である。

　イ　演算装置と制御装置から成り立つ。

　ウ　CPU で処理したデータを格納する。

　エ　メインメモリを増設するとコンピュータの処理速度が向上する。

3 クロック周波数の説明として誤っているものを１つ選びましょう。

　ア　1秒間あたりのクロック信号の回数のことである。

　イ　クロック周波数を上げることでコンピュータの性能が上がる。

　ウ　クロック周波数を上げることコンピュータのメモリが増設される。

　エ　クロック周波数を上げることで消費電力が上がる。

4 次の文章の①～④に当てはまる言葉を書きましょう。

　コンピュータで扱うプログラムやデータは、記憶装置に記憶され、CPU に読み込まれて処理が実行されます。処理の結果はまた記憶装置に格納されます。この際、CPU と直接データのやり取りをする記憶装置を（　①　）といいます。（　①　）を増設すると、コンピュータの処理速度を上げることができます。

　コンピュータ内部の各回路が動作のタイミングを合わせるための信号を（　②　）といいます。CPU は、この（　②　）に合わせて動作します。（　②　）を生成させるための回路を（　③　）、（　③　）が1秒間に発する（　②　）の回数を（　④　）といい、CPU の性能を表す尺度の1つとして用いられます。（　④　）を高くすることで、1秒あたりの演算回数が増え、CPU の性能が高まりますが、消費電力が高くなります。

 コンピュータが動作すると、CPU が熱くなります。これは、動作の際の電力消費と回路の抵抗が原因です。パソコンやゲーム機のファンは、だいたいが CPU を冷やすことを第一優先にしています。スマートフォンが熱くなるのも、これが原因ですね。

4 処理の仕組み
演算の仕組み

1 論理回路（AND回路、OR回路、NOT回路）

　コンピュータ内では回路の ON、OFF や電圧の高低のような2つの値を扱っています。真と偽の2通りの値を真理値といい、真理値だけで行う計算を論理演算といいます。

　コンピュータ上の演算は、真（ON）を「1」、偽（OFF）を「0」として、2進法による論理演算を行っています。論理演算を行う回路を論理回路といい、基本的に AND 回路、OR 回路、NOT 回路の3種類の回路の組み合わせにより構成されます。

AND回路
どちらも1のとき「1」

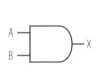

真理値表

A	B	X
0	0	0
0	1	0
1	0	0
1	1	1

OR回路
どちらか1つでも1ならば「1」

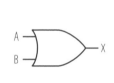

真理値表

A	B	X
0	0	0
0	1	1
1	0	1
1	1	1

NOT回路
0ならば「1」、1ならば「0」

真理値表

A	X
0	1
1	0

ここで示した図記号は MIL 記号です。日本の規格 JIS では、下図のような記号を用いています。古い家電の中には、この記号で書かれていることがあります。

AND回路　　　OR回路　　　NOT回路

2 半加算回路と全加算回路

・半加算回路…2進数の1桁の加算を行う論理回路。1桁の加算しかできない。

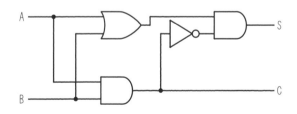

半加算器の真理値表

A	B	C	S
0	0	0	0
1	0	0	1
0	1	0	1
1	1	1	0

例
```
A  B  C  S
1 ＋ 1 ＝ 1  0
```

※Cは桁上がり（Carry）、
　Sは和（Sum）の意味

・全加算回路…半加算回路を組み合わせることで、桁上げまでできる回路。

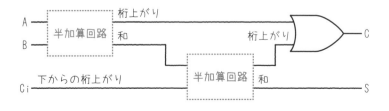

例
```
A  B  Ci  C S
1 ＋ 1 ＋ 1 ＝ 11
```

練習問題

1 次の文章の①〜⑥に当てはまる言葉を書きましょう（④〜⑥の順番は問いません）。

真と偽の2通りの値を（　①　）といいます。（　①　）だけで行う計算を（　②　）といいます。

コンピュータ上の演算は、真を「1」、偽を「0」として2進法による（　②　）を行っています。（　②　）を行う回路を（　③　）といいます。（　③　）は、基本的に（　④　）、（　⑤　）、（　⑥　）の3種類の回路の組み合わせにより構成されます。

2 A、Bを入力、Xを出力とするとき、AND回路、OR回路、NOT回路の真理値表をそれぞれ完成させましょう。

AND回路

A	B	X
0	0	
0	1	
1	0	
1	1	

OR回路

A	B	X
0	0	
0	1	
1	0	
1	1	

NOT回路

A	X
0	
1	

3 次の半加算回路の回路図のア〜ウに当てはまる回路をAND回路、OR回路、NOT回路のいずれかから1つずつ選んで答えましょう。

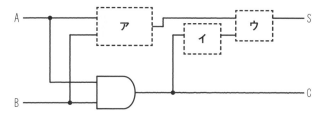

 AND回路は、新幹線や飛行機のトイレの使用中ランプを想像してみると、わかりやすいです。たとえば、新幹線の通路に2つのトイレがあったとします。片方だけ使用中のときは（片方だけが「1」のときは）、客室内の使用中ランプは点灯せず、トイレに空きがあることがわかります。しかし、2つとも使用中になると（どちらも「1」になると）、使用中ランプが点灯し、トイレに空きがないことがわかります。

OR回路は、バスの降車ボタンで考えてみましょう。バスの中には降車ボタンがたくさんありますが、乗客の誰か1人が降車ボタンを押せば、すべての降車ボタンが光って「次、止まります」という音声が流れます。つまり、"どちらか1つでも「1」なら「1」"になっていますね。

5 アルゴリズム

アルゴリズムのつくりと表現

1 アルゴリズムとは

アルゴリズムとは、答えを出して終了する手順や規則を表現するものです。コンピュータに処理を指示するためには、アルゴリズムをプログラミング言語で記述したプログラムが必要です。

アルゴリズムはデータ構造や関数を含むことがありますが、基本的に、順次構造、分岐構造、反復構造の3つの制御構造の組み合わせで表現することができます。アルゴリズムを記号を使って図式化する方法の1つにフローチャートがあります。

▶フローチャートに使う記号

⬭	端子	プログラムの開始と終了
▭	処理	変数への代入や計算
◇	分岐	条件による分岐
⬯	ループ	繰り返しの始まりと終わり
▱	データ	データの入出力
⬡	手操作入力	機器操作で入力されるデータ
—	線	制御の流れ

順次構造

上から下の順番に処理をする

分岐構造

条件を満たしたら「はい」、満たさなければ「いいえ」の処理をする

反復構造

条件を満たすまで、同じことを繰り返す

※数学では≦と表すが、プログラムでは<=と表現する。
※分岐構造にある「番号」は、Nと同じように、そのプリントの番号に置き換える。

▶「出席番号順になっていないプリントを番号順に並べ替える」というアルゴリズムのフローチャートの例

左の生徒：40枚のプリントの中から、1番から順番にプリントを見つけて並べた。
右の生徒：はじめに1〜20番までの束A、21〜40番までの束Bに分け、それぞれの束を番号順に並べ替えた。

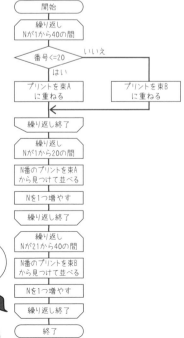

1 次の文章の①～⑤に当てはまる言葉を書きましょう（③～⑤の順番は問いません）。

　問題解決の手順のことを（　①　）といいます。コンピュータに処理を指示するためには（　①　）をプログラミング言語で記述した（　②　）が必要です。

　アルゴリズムは基本的に、（　③　）、（　④　）、（　⑤　）の3つの構造の組み合わせで表現することができます。

2 次の「100枚の原稿をページの番号順に並べる」というアルゴリズムのフローチャートのA～Dに当てはまる処理を、ア～エから1つずつ選んで完成させましょう。

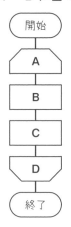

ア　繰り返し終了

イ　Nが1から100まで繰り返す

ウ　Nを1つ増やす

エ　Nページの原稿を見つけて並べる

3 次の「情報のテストの点数が70点以上なら合格、それ以外なら不合格を表示する」というアルゴリズムのフローチャートのA～Dに当てはまる処理を、ア～エから1つずつ選んで完成させましょう。

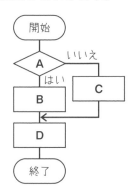

ア　テストの点数＞＝70

イ　結果を表示

ウ　結果は不合格

エ　結果は合格

> **ひとことポイント！**　同じ結果の作業でも、アルゴリズムを工夫することで、より楽に問題解決できることがあります。たとえば、前ページで紹介しているプリントを並べ替えるアルゴリズムは、どちらも同じ作業をしています。しかし、実際に作業時間を比べてみると、フローチャートが短い左側のアルゴリズムよりも、フローチャートが長い右側のアルゴリズムのほうが短い時間で作業が終わりました。より効率的なアルゴリズムを考えることは、プログラミングだけでなく、日常生活でも役立ちます。

6 アルゴリズムの表現方法

1 アクティビティ図とは

記号を使って処理の流れを図式化したものの1つにアクティビティ図があります。アクティビティ図はフローチャートと違い、並行した処理も表すことができます。

▶アクティビティ図に使う記号

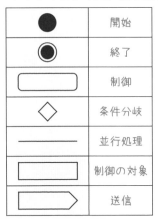

●	開始
◉	終了
▭	制御
◇	条件分岐
──	並行処理
▱	制御の対象
▱	送信

▶自動販売機のアクティビティ図

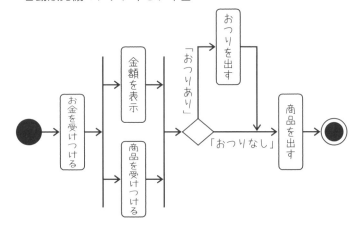

2 状態遷移図とは

状態が遷移する様子を図形や矢印を使って表現した図を状態遷移図といいます。矢印にはそのときの処理の内容が記載されます。状態遷移図において、その状態を引き起こす入力・出力・状態のことを、イベントといいます。

▶ストップウォッチの状態遷移図

・スタート・ストップボタンを押下すると、計測を開始する。
・計測中にスタート・ストップボタンを押下すると、計測を一時停止する。
・一時停止状態でスタート・ストップボタンを押下すると、計測を再開する。
・一時停止状態でリセットボタンを押下すると、表示をリセットして初期状態に戻る。
・初期状態、計測中にリセットボタンを押下しても変化しない。

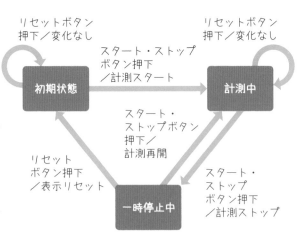

1 次の文章の①～③に当てはまる言葉を書きましょう。

　並行した処理の流れをわかりやすく記号を使って図式化する方法の1つに（　①　）があります。

　また、状態が遷移する様子を図形や矢印を使って表現した図を（　②　）といいます。（　②　）において、その状態を引き起こす入力・出力・状態のことを（　③　）といいます。（　②　）の矢印にはそのときの処理の内容が記載されます。

2 次の「自動改札機で入場するときの改札」のアルゴリズムのアクティビティ図のA～Dに当てはまる制御を、ア～エから1つずつ選んで完成させましょう（C、Dの順序は問いません）。

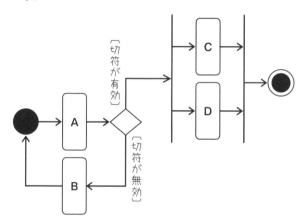

ア　切符を拒絶する
イ　切符を出す
ウ　切符を受けつける
エ　ドアを開ける

3 次の「50円と100円の2種類の硬貨のみを受けつけ、150円の商品1個を販売する自動販売機」の状態遷移図の、A～Cに当てはまる「自動販売機が受けつけた累計金額」を答えましょう。

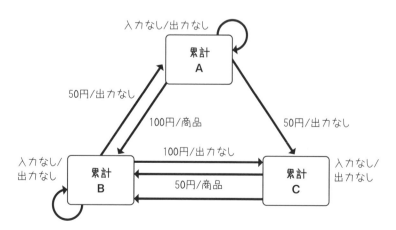

7 プログラム 変数と演算①

1 変数とは

プログラムにおいて、文字列や数値などの値を格納する名前のついた箱のようなものを変数といいます。変数に値を格納することを代入といいます。

数値や文字を入れる → aという箱 → 値を取り出して使う

20、"情報" → a → 20、"情報"

※「値を取り出して使う」とあるが、aの値がなくなるのではなく、何度でも使える。

▶プログラム

```
1  a = 3
2  b = 2
3  c = a + b
4  print(c)
```

▶処理

```
1  変数 a に 3 を代入
2  変数 b に 2 を代入
3  変数 c に 3 + 2 の計算結果を代入
4  c を表示
```

▶実行結果

```
5
```

※行のはじめの数字（緑色の数字）は行番号なので、プログラムには書きません。

2 演算子とは

計算のための記号を算術演算子といい、プログラムの計算では算術演算子が使われます。また、値を比較するための演算子を比較演算子といいます。比較演算子は、真か偽で示されます。

	算術演算子	例	結果
足し算	+	2+3	5
引き算	−	5−4	1
かけ算	*	5*4	20
割り算	/	5/2	2.5
商（整数）	//	5//2	2
余り	%	5%2	1
べき乗	**	5**2	25

比較演算子	例	意味	参考：数学では
<	A<B	A は B より小さい	<
<=	A<=B	A は B 以下	≦
>	A>B	A は B より大きい	>
>=	A>=B	A は B 以上	≧
==	A==B	A と B は等しい	=
!=	A!=B	A と B は等しくない	≠

※いずれも Python の場合。Python はプログラミング言語のひとつ。

3 データ型とは

プログラムで扱うデータの性質の種類をデータ型といいます。たとえば、1を整数として扱う場合「1+1」の演算結果は「2」となりますが、'1' という文字列として扱う場合、「'1' + '1'」の演算結果は1を2つ並べた「11」になります（「数として扱う」とは量として扱うこと。「文字列として扱う」とはコンピュータにとっては意味なく表示のみすること）。エラーを防ぐためにはデータ型を正しく定義する必要があります。

型	性質
整数（int 型）	整数の値を扱う
小数（float 型、double 型）	小数を含む値を扱う
文字列（str 型）	文字列を扱う
論理値型（bool 型）	「真」か「偽」を扱う

練習問題

❶ 次の文章の①〜③に当てはまる言葉を書きましょう。

　プログラムにおいて、文字列や数値などの値を格納する名前のついた箱のようなものを（　①　）といいます。（　①　）に値を格納することを（　②　）といいます。

　また、プログラムで扱うデータの性質の種類を（　③　）といいます。

❷ Python において比較演算子を使って「変数 a と10は等しい」を表現しているものを1つ選びましょう。

　　ア　a=10

　　イ　a==10

　　ウ　a!=10

　　エ　a<=10

❸ Python において演算子を使って「変数 a に7を掛けて、その値を3で割る」を表現しているものを1つ選びましょう。

　　ア　a＊7/3

　　イ　a＊＊7/3

　　ウ　a＊7%3

　　エ　a＊＊7%3

❹ 次の Python のプログラムは何を表示するプログラムか、ア〜エから1つ選びましょう。

```
1  x = 10
2  y = x * x / 2
3  print(y)
```

　　ア　半径10の円の面積

　　イ　底辺10、高さ10の三角形の面積

　　ウ　1辺が10の正方形の面積

　　エ　1辺が10の正方形の周の長さ

 プログラミングの知識を定着させるには、実際に手を動かしてみるのが一番。誌面で勉強するだけでなく、自分でコードを書いてみたり実行させてみたりすることがおすすめです。

PART **3** コンピュータとプログラミング

8 プログラム 変数と演算②

1 分岐構造とは

　条件によって処理が分かれるアルゴリズムの構造を分岐構造といいます。

　右のフローチャートでは、条件が満たされたとき（真のとき）に処理1を実行し、条件が満たされないとき（偽のとき）に処理2を実行されるアルゴリズムが表現されています。

▶分岐構造のフローチャート

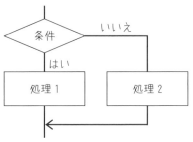

2 分岐構造のプログラム

　Python では if 文で分岐構造をプログラムします。

　if 文は「if 条件式 :」という形式で書き、条件式が真のとき次行から4文字の半角空白をあけた（字下げした）部分を実行します。

　条件式が偽のときに何か別の処理を実行したいときは、else 節をつなげます（「else」は「それ以外」を意味します）。else 節を記述しない場合、条件式が偽のときは何も実行されないまま if 文が終了します。

　else 節の前に「elif 条件式 :」を記述することで、3通り以上の分岐構造をつくることができます（「elif」は else と if を合わせた語です）。

▶Pythonでのif文

```
if 条件式 :
    処理 1
    4文字あける（半角空白4つ）
else:
    処理 2
    4文字あける（半角空白4つ）
```

▶分岐構造の例

プログラム

```
1  x = 7
2  if x % 2 == 0:
3      print('Guusuu')
       4文字あける（半角空白4つ）
4  else:
5      print('Kisuu')
       4文字あける（半角空白4つ）
```

処理

1　xに7を代入
2　「xを2で割った余りが0である」が真なら次行を実行
3　Guusuuと表示
4　「xを2で割った余りが0である」が偽なら次行を実行
5　Kisuuと表示

実行結果

```
Kisuu
```

練習問題

1 次の Python のプログラムの正しい出力結果を1つ選びましょう。

```
1  x = 10
2  if x > = 18:
3      print('seijin')
4  else:
5      print('miseinen')
```

ア　seijin

イ　miseinen

ウ　10

2 次の Python のプログラムの正しい出力結果を1つ選びましょう。

```
1  test = 60
2  if test >= 80:
3      print('A')
4  elif test >= 60:
5      print('B')
6  else:
7      print('C')
```

ア　A

イ　B

ウ　AB

エ　C

3 次の Python の「変数 height に身長の値を代入し、身長が175cm 以上なら L、165cm 以上175cm 未満なら M、165cm 未満なら S と表示する」というプログラムの A 〜 D に当てはまるものを、ア〜カから1つずつ選んで完成させましょう。

```
1  height = 身長
2  if height >= 175:
3      print(' A ')
4  elif height  B  165:
5      print('M')
6   C :
7      print(' D ')
```

ア　S

イ　L

ウ　else

エ　elif

オ　>

カ　>=

ひとことポイント！　Python において、if 節の次の行のインデント（半角空白を4つあける）は、超重要！　ただの空白に見えても、これがないとプログラムは動かないので、コードを書くときには気をつけてみてください。また、条件式は言い切りの形です！　それが正しいか（真）否か（偽）を考えます。

PART 3 コンピュータとプログラミング

9 プログラム 変数と演算③

1 反復構造とは

指定の処理を繰り返し実行するアルゴリズムの構造を反復構造といいます。

右のフローチャートでは、判定条件が満たされている間だけ、処理を繰り返すアルゴリズムが表現されています。判定条件には、「等号や不等号などの比較演算子で表現される論理式を満たす」や「特定の回数を繰り返す」といった条件が指定されます。

▶反復構造のフローチャート

2 反復構造のプログラム

Python では for 文や while 文で反復構造をプログラムします。

for 文は、回数を定めて指定の処理を繰り返し実行したいときによく使います。

「for 変数 in 繰り返す情報 :」という形式で書き、繰り返す情報のリストを1つずつ変数に代入しながら、次行から4文字の半角空白をあけた（字下げした）部分に記述した指定の処理を、繰り返し実行します。

▶for文による反復構造の例

プログラム	処理	実行結果

プログラム
```
1  for i in range(3):
2  ····print('Hello')
   4文字あける(半角空白4つ)
```

処理
```
1  次行を3回繰り返す
2  Hello を表示
```

実行結果
```
Hello
Hello
Hello
```

※range は範囲という意味です。ここではいったん、（　）回繰り返すとしておきましょう。

while 文は、ある条件のもとで指定の処理を繰り返し実行したいときによく使います。「while 条件式 :」という形式で書き、条件式が真となる間、次行から4文字の半角空白をあけた部分に記述した指定の処理を繰り返し実行します。条件式には比較演算子をよく使います。

▶while文による反復構造の例

プログラム
```
1  k = 1
2  while k <= 3:
3  ····print('Hello')
   4文字あける(半角空白4つ)
4  ····k = k + 1
   4文字あける(半角空白4つ)
```

処理
```
1  k に1を代入
2  k が3以下の間、次行を繰り返す
3  Hello を表示
4  k の値を1増やす
```
※字下げしている行が2行分あるため、ここでは3、4行目を繰り返す。

実行結果
```
Hello
Hello
Hello
```

1 次の Python のプログラムの正しい出力結果を 1 つ選びましょう。

```
1  k = 1
2  for i in range(5):
3      print(k)
```

ア
1
2
3
4
5

イ
k
k
k
k
k

ウ
1
1
1
1
1

2 次の Python のプログラムの正しい出力結果を 1 つ選びましょう。

```
1  k = 0
2  i = 1
3  while i <= 5:
4      k = k + i
5      i = i + 1
6  print(k)
```

ア
15

イ
1
2
3
4
5

ウ
1
3
6
10
15

3 次の Python の「1 桁の奇数を表示する」というプログラムの A ～ C に当てはまるものを、ア～カから 1 つずつ選んで完成させましょう。

プログラム
```
1  k = A
2  while k <= 5:
3      print( B )
4      k = C
```

実行結果
```
1
3
5
7
9
```

ア 0
イ 1
ウ k
エ 2*k-1
オ k+1
カ k+2

PART **3**

コンピュータとプログラミング

ひとこと ポイント！ for 文は、「○○を△回繰り返す」という処理なので、はじめから繰り返す回数が決まっているときに使います。while 文は、「◇◇という条件が真の間、○○を繰り返す」という処理なので、繰り返す回数が決まっていないときに使います。

プログラム 10 配列とリスト

1 配列、リストとは

データを効果的に処理するために、一定の決まりで整理、格納する形式を**データ構造**といいます。データ構造として、複数の値を1つのまとまりで扱う仕組みに**配列**や**リスト**があります。

- 配列…複数個のデータを順番にまとめたデータ構造。決まった数で同じ種類のデータを扱う。
- リスト…用途は配列と同じだが、データの数や種類が自由なため、リストではデータの削除や追加を容易に行うことができる。

配列やリストでは、変数名と添え字（インデックス）で格納するデータを区別します。多くのデータを扱う場合、データを1つひとつ別々の変数に代入するより、配列をつくって代入したほうが扱いやすくなります。

▶[24,5,17,63,39]を格納する場合

通常の変数					配列				
a	b	c	d	e	a[0]	a[1]	a[2]	a[3]	a[4]
24	5	17	63	39	24	5	17	63	39

5つの変数（a、b、c、d、e）を用いる　　1つの配列（a）を用いる

2 リストの具体例

Pythonをはじめ、一般的なプログラミング言語の添え字は「0」を先頭とします。Pythonではリストが配列の役割を担っています。

▶リストの例

プログラム
```
1  a = [51,52,53,54,55]
2  print(a)
3  print(a[3])
4  a.append(56)
5  print(a)
```

処理
```
1  リストaを作成
2  リストa全体を表示
3  リストaの3番目の要素を表示
4  リストaに要素「56」を追加
5  リストa全体を表示
```

実行結果
```
[51,52,53,54,55]
54
[51,52,53,54,55,56]
```

イメージ図
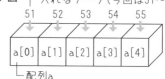
入れるデータ（今回は51〜55の数字）
51 52 53 54 55
a[0] a[1] a[2] a[3] a[4]
配列a

1 次の Python のプログラムの正しい出力結果を 1 つ選びましょう。

```
1  a = [1,2,3,4,5]
2  print(a)
3  print(a[2])
4  a[1] = 7
5  a.append(6)
6  print(a)
```

ア

```
[1,2,3,4,5]
2
[7,2,3,4,5,6]
```

イ

```
[1,2,3,4,5]
3
[1,2,3,4,5,6,7]
```

ウ

```
[1,2,3,4,5]
3
[1,7,3,4,5,6]
```

2 次の Python のプログラムの正しい出力結果を 1 つ選びましょう。

```
1  a = [1,2,3,4,5]
2  i = 4
3  while i >= 0:
4      print(a[i])
5      i = i-2
```

ア

```
5
4
3
2
1
```

イ

```
5
3
1
```

ウ

```
4
2
```

3 次の Python のプログラムの A ～ C に当てはまるものを、ア～カから 1 つずつ選んで完成させましょう。

プログラム

```
1  a = [2,3,4,5,6]
2  i = 0
3  a[ A ] = 8
4  a.append( B )
5  while i < C :
6      print(a[i])
7      i = i + 1
```

実行結果

```
2
3
8
5
6
1
```

ア 1
イ 2
ウ 3
エ 4
オ 5
カ 6

11 プログラム 乱数と関数

1 乱数とは

ランダムに発生する数を乱数といいます。乱数には、不規則かつ均等に数値が現れる性質があるため、確率的な性質を調べるためのシミュレーションなどに活用されます。Python では乱数を用いる際に、あらかじめ準備されている random 関数を使います。

▶さいころを振るシミュレーション

プログラム

```
1  import random
2  r = random.randint(1,6)
3  print(r)
```

処理

```
1  random を利用できるようにする
2  1 以上 6 以下の整数の乱数を r に代入
3  r を表示
```

実行結果

```
4
```

※1〜6の
いずれかの数

2 関数とは

ある機能を持たせたひとかたまりのプログラムを関数といいます。関数を利用することにより、何度も同じプログラムを書く必要がなくなります。関数に与える入力値を引数（ひきすう）といい、関数の処理結果として出てくる出力値を戻り値といいます。

関数には、あらかじめプログラミング言語の仕様に定義されている組み込み関数（前述の、Python の random 関数など）と、自分（ユーザ）が作成するユーザ定義関数があります。

▶円の面積を求めるときは、半径さえあれば求められる。「半径は○○。この面積を求めて」といわれたら「○○×○○×3.14」という処理を行うプログラムがあれば便利。そこで、○○（半径）を r として、「circle(r)」といったら「r × r × 3.14」という結果になる関数をつくる。

プログラム

```
1  def circle(r):
2      return r * r * 3.14
3
4  r = int(input('半径'))
5  area = circle(r)
6  print(area)
```

処理

```
1  関数 circle(r)
2  戻り値を半径 r の円の面積にする
3
4  r に半径を整数値で入力
5  area に半径 r の円の面積を代入
6  area を表示
```

実行結果

半径 10
314.0

※半径に任意の
数字を入力すると、
自動的に面積が
計算される。

3 APIとは

プログラムの規模が大きくなると、すべてを一から作成するのではなく、別のプログラムの機能と連携して動作させることがあります。このような機能を利用するための仕組みを API といいます。とくに、Web 上で通信して利用する API を Web API といいます。

 練習問題

1 次の文章の①〜⑧に当てはまる言葉を書きましょう。

　ランダムに発生する数を（　①　）といいます。（　①　）には、不規則かつ均等に数値が現れる性質があるため、確率的な性質を調べるためのシミュレーションなどに活用されます。

　ある機能を持たせたひとかたまりのプログラムを（　②　）といいます。（　②　）を利用することにより何度も同じプログラムを書く必要がなくなります。（　②　）に与える入力値を（　③　）といい、処理結果として出てくる出力値を（　④　）といいます。（　②　）には、あらかじめプログラミング言語の仕様に定義されている（　⑤　）と、自分（ユーザ）が作成する（　⑥　）があります。

　プログラムの規模が大きくなると、すべてを一から作成するのではなく、別のプログラムの機能と連携して動作させることがあります。このような機能を利用するための仕組みを（　⑦　）といいます。とくに、Web上で通信して利用する（　⑦　）を（　⑧　）といいます。

2 次のPythonの「ユーザ定義関数 area を用いて、底辺と高さがともに整数の三角形の面積を表示する」というプログラムのA〜Dに当てはまるものを、ア〜カから1つずつ選んで完成させましょう。

プログラム

```
1  A  area(x,y):
2      z = B / 2
3      return C
4
5  x = int(input('底辺'))
6  y = int(input('高さ'))
7  z = area(x, D )
8  print('面積',z)
```

実行結果

```
底辺 3
高さ 4
面積 6
```

※底辺と高さに
　任意の整数を
　入力すると、
　自動的に面積
　が計算される。

ア　x
イ　y
ウ　z
エ　x＊y
オ　area
カ　def

 ひとこと ポイント！　通販サイトで郵便番号を入力すると自動で対応する住所が入力されたり、Google Map の API を利用して Web サイトに最新の地図を表示させたりなど、Web API はわたしたちの身近にあふれています。ただし、API が仕様変更をすると不具合が起きる可能性がありますし、API のサーバに障害が発生するとプログラムが動かなくなることもあります。

12 モデル化

モデル化とシミュレーション

1 モデルとは

物事はさまざまな要素を含み、複雑です。その一部のみ取り出すことを、単純化といいます。物事を単純化して表現したものをモデルといい、モデルをつくることをモデル化といいます。モデルは、物事をどのように表現するか、何を表現するかによってさまざまな分類ができます。

▶表現形式によるモデルの分類

物理モデル	図的モデル	数理モデル
対象を物理的に表現したもの	要素の関連を図で表現したもの	事象を数式で表現したもの

小さな模型で表現

山手線は実際には円ではないが、円で表現

$F = ma$

▶対象の性質によるモデルの分類

動的モデル	時間の経過によって対象が変化するモデル
静的モデル	時間の経過を考える必要がないモデル

確率モデル	不規則な現象を含むモデル
確定モデル	規則的な現象のモデル

2 シミュレーションとは

モデルを使った実験をシミュレーションといいます。適切なモデル化ができれば、実物を使わずに、さまざまな事象をシミュレーションによって予測することができます。

▶シミュレーションによる予測の例

天気予報

東京

☀ ☀ ☂ ☀ ☀ ☀
22℃ 23℃ 19℃ 23℃ 24℃ 26℃ 25℃
10℃ 12℃ 8℃ 15℃ 14℃ 15℃ 15℃

未来の気候を事前に予想

自動車の衝突実験

実物を使うことなく、強度を検証

家具のレイアウト

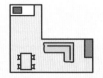

部屋に家具を配置できるか事前に検証

練習問題

1 次の事象をモデル化するとき、静的モデル・確率モデル・確定モデルとして適切な事象を
それぞれ1つずつ選びましょう。

　ア　ラーメン店にできる行列
　イ　部屋の家具の配置
　ウ　水を沸かすときの水温の変化

2 次のモデルの表現形式を、物理モデル・図的モデル・数理モデルに分類しましょう。

　ア　自由落下の速度　　　　　　　　　**イ**　人体模型

> 速度＝重力加速度×時間

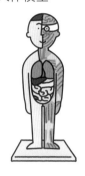

　ウ　ゲーム機の構造　　　　　　　　　**エ**　地球儀

3 次の文章の①〜⑨に当てはまる言葉を書きましょう。

　物事を単純化して表現したものを（　①　）といいます。（　①　）は、物事をどのように表現するか、何を表現するかによってさまざまな分類ができます。表現形式による分類には、対象を物理的に表現した（　②　）、要素の関連を図で表現した（　③　）、事象を数式で表現した（　④　）があります。対象の性質による分類には、時間の経過によって対象が変化する（　⑤　）、時間の経過を考える必要がない（　⑥　）、不規則な現象を含む（　⑦　）、規則的な現象の（　⑧　）などがあります。

　（　①　）を使った実験を（　⑨　）といいます。（　⑨　）によってさまざまな事象を予測することができます。

13 モデル化とシミュレーション①

モデル化とシミュレーション

人口が2010年時点で127,430人、2011年時点で127,770人である都市Aの2035年の人口を、シミュレーションによって推測してみましょう。

1 モデル化してみよう

①モデル化の目的を明確にする。

都市Aの人口の推移から、2035年の都市Aの人口を推定する。

②モデルを構成する要素とその関係を考える。

2010年から2011年の人口増加率が、2035年まで変わらないと仮定すると、

（人口増加率）＝（2011年の人口）÷（2010年の人口）

③モデルを数式で表す。

（翌年の人口）＝（その年の人口）×（人口の増加率）

2 シミュレーションしてみよう

モデルを使ってシミュレーションします。

▶人口増加のシミュレーション

プログラム

```
1   x = 127430
2   r = 127770 / 127430
3   for i in range(2010,2035):
4       x = int(x * r)
5   print(x)
```

処理

```
1   2010年の人口をxに代入
2   2010年から2011年の人口増加率をrに代入
3   次行を2011年から2035年までの25年分繰り返す
4   翌年の人口のr倍をxに代入
5   2035年の人口を表示
```

実行結果

```
136193
```

人口推移のグラフ

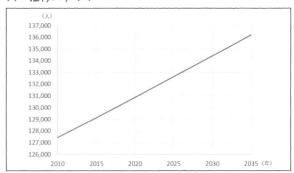

シミュレーションの結果が出たら、実際の現象と比較して、仮説やモデルの妥当性について検証し、分析する必要があります。

1 前ページの都市 A の人口増加のシミュレーションについて、2050年の人口をシミュレーションによって推測するとき、プログラムの A ～ C に当てはまるものをア～カから選んで完成させましょう。

プログラム

```
1  x = A
2  r = 127770 / 127430
3  for i in range(2010, B ):
4      x = int(x * r)
5  print( C )
```

実行結果

```
141743
```

ア　127430
イ　127770
ウ　2050
エ　2051
オ　x
カ　r

2 前ページの都市 A の人口増加のシミュレーションについて、都市 A の人口が2020年時点で125,708人、2021年時点で125,120人であることがわかりました。2020年から2021年の人口増加率をもとに2035年の人口をシミュレーションするプログラムの A ～ D に当てはまるものをア～カから選んで完成させましょう。

プログラム

```
1  x = 125708
2  r = A / B
3  for i in range( C ,2035):
4      x = int(x * r)
5  print( D )
```

実行結果

```
117164
```

ア　125708
イ　125120
ウ　2020
エ　2021
オ　x
カ　r

3 問題**2**について、2020年から2021年の人口増加率をもとにシミュレーションを行ったときの人口推移のグラフとして、適するものを1つ選びましょう。

ア

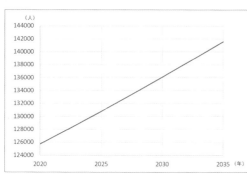

イ

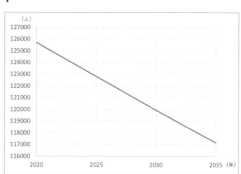

PART
3
コンピュータとプログラミング

14 モデル化とシミュレーション②

モデル化とシミュレーション

スーパーマーケットにレジが1つだけあり、客がレジの列に並んで会計をするときの待ち状況の変化をシミュレーションしましょう。

1 モデル化してみよう

①モデル化の目的を明確にする。

長く待たされる客がどれくらい発生するか予想する。

②モデルを構成する要素とその関係を考える。

客が列に並んで会計をする過程を、「1人の客に要する対応時間」と「前の客が列に並び始めてから次の客が列に到着するまでの到着間隔」を用いて表す。

③モデルを数式で表す。

1人の客に要する対応時間は約60秒であることがわかった。到着間隔は最大時間を120秒と仮定して、乱数（0～1）をかけた値を用いることで確率的に変化する現象を表す。

（対応時間）＝60秒 　　　　（到着間隔）＝120秒×（乱数）

2 シミュレーションしてみよう

モデルを使ってシミュレーションします。

▶最初の10人の客のシミュレーションの結果

	乱数	到着間隔	到着時刻	対応開始時刻	対応終了時刻	待ち時間
1人目	–	–	0	0	60	0
2人目	0.50	60	60	60	120	0
3人目	0.51	61	121	121	181	0
4人目	0.40	48	169	181	241	12
5人目	0.09	10	179	241	301	62
6人目	0.80	96	275	301	361	26
7人目	0.79	94	369	369	429	0
8人目	0.94	112	481	481	541	0
9人目	0.37	44	525	541	601	16
10人目	0.21	25	550	601	661	51

待ち時間は、列に並び始めてからレジでの対応が開始するまでの時間とする。到着時刻は小数点以下を切り捨てて計算している。

乱数を利用しているため、シミュレーションを行うたびに異なる結果になります。シミュレーションを重ねることで検証し、分析する必要があります。

▶待ち時間のヒストグラム

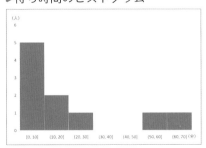

練習問題

1 前ページの待ち行列のシミュレーションについて、11人目の客をシミュレーションしたところ以下の通りでした。A〜Dに当てはまる数値を答えましょう。

	乱数	到着間隔	到着時刻	対応開始時刻	対応終了時刻	待ち時間
1人目	−	−	0	0	60	0
2人目	0.50	60	60	60	120	0
3人目	0.51	61	121	121	181	0
4人目	0.40	48	169	181	241	12
5人目	0.09	10	179	241	301	62
6人目	0.80	96	275	301	361	26
7人目	0.79	94	369	369	429	0
8人目	0.94	112	481	481	541	0
9人目	0.37	44	525	541	601	16
10人目	0.21	25	550	601	661	51
11人目	0.45	A	B	661	C	D

2 問題**1**のシミュレーション結果から読み取れることを1つ選びましょう。
ア レジに並ぶ順番が前であればあるほど待ち時間は多くなる。
イ レジに並ぶ順番が後になればなるほど待ち時間は多くなる。
ウ 列の人数は対応されている客を含めて最大で3人。
エ 待ち時間は1人の客に要する対応時間を超えることはない。

3 前ページの最初の10人の客の待ち行列のシミュレーションについて、生成された乱数はそのままで、1人の客に要する対応時間を30秒に変更してシミュレーションを行ったときの待ち時間のヒストグラムとして正しいものを選びましょう。

ア

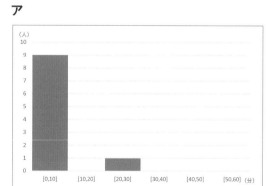

イ

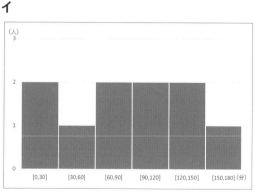

> **ひとこと ポイント！** 文字や数値だけで書かれているため、イメージしづらい人もいるかもしれませんね。待ち行列は、人が並んでいます。人の並ぶ様子を、ささっと余白に描いてみるのもいいでしょう。

15 モデル化とシミュレーション

モデル化とシミュレーション③

データを扱う際、人間はパッと見ただけである程度データの順番を整えられますが、コンピュータにはできません。そこでコンピュータは、変数の代入と条件分岐を使って、2つの比較を繰り返すことで、データを整理します。よく使われる並び替えのアルゴリズムに交換法があります。

1 交換法とは

データを並び替える際に、隣り合ったデータを比較して、その大小によってデータを入れ替える方法を交換法といいます。

交換法では、「最も大きいデータを最後に配置→次に2番目に大きいデータを最後から2番目に配置→次に3番目に大きいデータを……」と繰り返すことにより、昇順の並び替えを完成させます。同じ手順であれば、データ数が異なっていても対応できます。

▶5つの整数データ[5, 4, 3, 2, 1]が保存されている
配列aを交換法により昇順に並べ替える例

1．最も大きいデータを最後に配置する
① a[0] > a[1] ⇒ a[0]とa[1]を入れ替える　　[4, 5, 3, 2, 1]
② a[1] > a[2] ⇒ a[1]とa[2]を入れ替える　　[4, 3, 5, 2, 1]
③ a[2] > a[3] ⇒ a[2]とa[3]を入れ替える　　[4, 3, 2, 5, 1]
④ a[3] > a[4] ⇒ a[3]とa[4]を入れ替える　　[4, 3, 2, 1, 5]

2．2番目に大きいデータを最後から2番目に配置する
① a[0] > a[1] ⇒ a[0]とa[1]を入れ替える　　[3, 4, 2, 1, 5]
② a[1] > a[2] ⇒ a[1]とa[2]を入れ替える　　[3, 2, 4, 1, 5]
③ a[2] > a[3] ⇒ a[2]とa[3]を入れ替える　　[3, 2, 1, 4, 5]

3．3番目に大きいデータを最後から3番目に配置する
① a[0] > a[1] ⇒ a[0]とa[1]を入れ替える　　[2, 3, 1, 4, 5]
② a[1] > a[2] ⇒ a[1]とa[2]を入れ替える　　[2, 1, 3, 4, 5]

4．4番目に大きいデータを最後から4番目に配置する
① a[0] > a[1] ⇒ a[0]とa[1]を入れ替える　　[1, 2, 3, 4, 5]

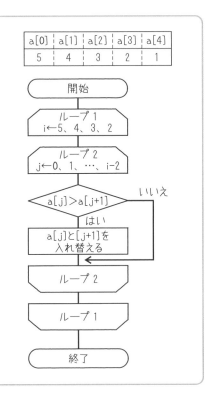

1 前ページの配列 a の交換法による並び替えのプログラムは次の通りです。プログラムの A 〜 C に当てはまるものを、ア〜カから1つずつ選んで完成させましょう。

プログラム

```
1  a = [5,4,3,2,1]
2
3  for i in range(5,1,-1):
4      for j in range( A ):
5          if  B  >  C :
6              temp = a[j]
7              a[j] = a[j + 1]
8              a[j + 1] = temp
9  print(a)
```

実行結果

```
[1,2,3,4,5]
```

6〜8行目の1ループ目のイメージ図

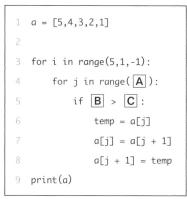

ア	i-1	イ	i	ウ	i+1
エ	a[j-1]	オ	a[j]	カ	a[j+1]

2 5つの整数データ [1,2,3,4,5] が保存されている配列 b を交換法により降順に並べ替えるプログラムの A 〜 C に当てはまるものを、ア〜カから1つずつ選んで完成させましょう。

プログラム

```
1  b = [1,2,3,4,5]
2
3  for i in range(5,1,-1):
4      for j in range(i - 1):
5          if b[j] A b[j + 1]:
6              temp = b[j]
7              B  = b[j + 1]
8              b[j + 1] = C
9  print(b)
```

実行結果

```
[5,4,3,2,1]
```

ア	>
イ	=
ウ	<
エ	b[j]
オ	b[j+1]
カ	temp

ひとこと ポイント！　練習問題1のイメージ図で、液体が完全に移動していないことがポイントです。

16 モデル化とシミュレーション④

モデル化とシミュレーション

クラス会の会費は1500円です。幹事が会費を集めるときの釣り銭の変化をシミュレーションしましょう。

1 モデル化してみよう

①モデル化の目的を明確にする。

会費を集めるとき、幹事が最初に何枚の500円硬貨を用意すれば釣り銭切れが起きないかを推定する。

②モデルを構成する要素とその関係を考える。

クラスには35人いて、会費の支払いは「①千円札2枚の支払いで500円硬貨1枚の釣り銭を求める」か、「②千円札1枚と500円硬貨1枚で支払う」かの2通りとする。

③モデルを数式で表す。

それぞれ乱数（0～1）が0.5以上なら①、0.5未満なら②の方法で支払うとして、確率的に変化する現象を表す。

2 シミュレーションしてみよう

モデルを使ってシミュレーションします。

右の結果は、35人それぞれの支払い方法とそれにともなう千円札と500円硬貨の増減を表しています。会費を集める中で、500円硬貨が最も不足した枚数を不足枚数とします。

乱数を利用しているため、シミュレーションを行うたびに異なる結果になります。シミュレーションを重ねて検証し、分析する必要があります。

▶釣り銭のシミュレーションの結果

	乱数	支払い	千円札	500円硬貨
			0	0
1人目	0.84	2000	2	-1
2人目	0.73	2000	4	-2
3人目	0.72	2000	6	-3
4人目	0.92	2000	8	-4
5人目	0.69	2000	10	-5
6人目	0.43	1500	11	-4
7人目	0.22	1500	12	-3
〜〜〜				
28人目	0.15	1500	43	-2
29人目	0.32	1500	44	-1
30人目	0.84	2000	46	-2
31人目	0.75	2000	48	-3
32人目	0.40	1500	49	-2
33人目	0.62	2000	51	-3
34人目	0.15	1500	52	-2
35人目	0.12	1500	53	-1
			不足枚数	6

1 前ページの釣り銭のシミュレーションについて、11人目から15人目までのシミュレーション結果は次の通りでした。A ～ F に当てはまる数値を答えましょう。

	乱数	支払い	千円札	500円硬貨
11人目	0.68	2000	17	-1
12人目	0.25	1500	18	0
13人目	0.73	**A**	**B**	**C**
14人目	0.43	**D**	**E**	**F**
15人目	0.50	2000	23	-1

2 前ページの釣り銭のシミュレーションを100回繰り返したときの500円硬貨の不足枚数とその発生回数について、次の結果が得られました。500円硬貨を最低何枚用意すれば95％以上の確率で釣り銭切れを起こさないか、ア～エから1つ選びましょう。

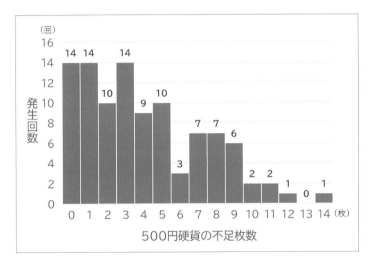

ア 9枚   **イ** 10枚   **ウ** 11枚   **エ** 12枚

PART 3 チャレンジ問題

カンキさんはスマホゲームで下表のような当選確率のガチャを100回実施した場合（100連ガチャ）、自分の好きな SR のキャラクターを何体ゲットできるかについてのシミュレーションを、プログラム言語 Python でプログラミングしてみた。これを受けて、このあとの問いに答えなさい。

SR（スーパーレア武将） 織田信長　3％	R（レア武将） 前田利家　17%	C（コモン武将） 成田長親　80%

1 カンキさんは、まずは SR が単発ガチャで当たったら SR と表示、当たらなかったら Hazure と表示するプログラム1をプログラミングした。このプログラム1の内容について誤っている内容を、次のア〜エから1つ選びなさい。

ア　1〜100の乱数を発生させている。
イ　a の値が3以下なら「SR」を表示する。
ウ　発生させた乱数を変数 a に代入している。
エ　a の値が80なら数字「80」を表示する。

▶プログラム1

```
1 import random
2 a=random.randint(1,100)
3 if(a<=3):
4   print('SR')
5 else:
6   print('Hazure')
```

※このコードでは、スペースの都合上インデントが2スペースとなっていますが、実際の Python プログラムでは、4スペースが標準です。

2 続いてカンキさんは、単発ガチャでSR、R、Cのどれが当たったかを表示するプログラム2をプログラミングした。このプログラム2の5行目の [　　] の中に入る内容を、次のア〜カから1つ選びなさい。

ア　a<17　　イ　a<=17
ウ　a<20　　エ　a<=20
オ　a>17　　カ　a>=20

▶プログラム2

```
1 import random
2 a=random.randint(1,100)
3 if(a<=3):
4   print('SR')
5 elif(      ):
6   print('R')
7 else:
8   print('C')
```

3 ようやくカンキさんは、100連ガチャで SR、R、Cがそれぞれ何体ゲットできたかを表示する、プログラム3をプログラミングした。このプログラム3の8行目の ① 、10行目の ② 、そして12行目の ③ に入る最も適切な組み合わせを次の、ア～エの中から1つ選びなさい。

▶プログラム3

```
 1 import random
 2 SR=0
 3 R=0
 4 C=0
 5 for i in range(100):
 6    a=random.randint(1,100)
 7    if(a<=3):
 8        SR= ①
 9    elif(      ):
10        R= ②
11    else:
12        C= ③
13 print(SR,R,C)
```

	①	②	③
ア	a+1	a+2	a+3
イ	SR−R	R−C	C
ウ	SR+a	R+a	C+a
エ	SR+1	R+1	C+1

4 最後にカンキさんは、完成させた100連ガチャのシミュレーションのプログラムを100セット分実行した。100連ガチャ1セットごとにSRが何体ゲットできたのか、その結果を集計し、シミュレーションの結果を右のような度数分布の縦棒グラフにした。このグラフから読み取れるものとして誤っているものを、次のア～エから1つ選びなさい。

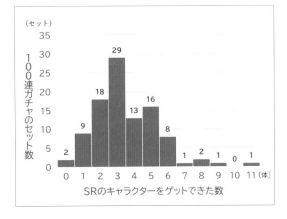

ア　SRが5体以上ゲットできる確率は40%以上である。

イ　RやCしかゲットできない確率は2%である。

ウ　Rが何%の確率で何体ゲットできるかはわからない。

エ　Cが何%の確率で何体ゲットできるかはわからない。

1 情報通信ネットワーク
ネットワークの構成

コンピュータどうしを接続し、お互いにデータをやり取りする仕組みをコンピュータネットワークといいます。コンピュータ以外のものを含んでやり取りする場合は、情報通信ネットワークといいます。

1 いろいろな通信機器

- ハブ（集線装置）…複数のコンピュータや通信機器をつなぎ、ネットワークをつくる。
- ルータ…異なるネットワークをつなぎ、ネットワーク間のデータを中継する。
- アクセスポイント…無線LAN（Wi-Fi）に対応したコンピュータなどを接続する。

▶通信機器の接続イメージ

2 LANとWANの違い

- LAN…建物内などの限られた区域で構築されたネットワーク。
- WAN…LANの外側で構築された広範囲のネットワーク。LANから外のネットワークに接続するには、ISP（インターネットサービスプロバイダ）と契約して、ISP経由で接続する。

▶LANとWAN

3 通信キャリアとISP

- 通信キャリア…固定電話や携帯電話（スマートフォン等）の接続サービスを提供している通信会社のこと。
- ISP（インターネットサービスプロバイダ）…インターネットへの通信サービスを提供している通信会社のこと。単にプロバイダともいう。

▶情報通信ネットワーク

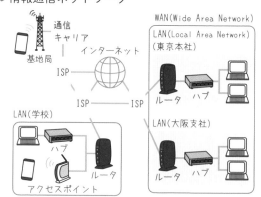

練習問題

1 コンピュータネットワークについて説明しているものを1つ選びましょう。

ア スマートフォンの通話時の接続

イ スマートフォンとスピーカーの接続

ウ コンピュータどうしの接続

エ コンピュータとマウスの接続

2 ネットワーク機器の説明として誤っているものを1つ選びましょう。

ア ルータとは、異なるネットワーク接続に使用する機器である。

イ ハブとは、ケーブルを集線し、延長する機器である。

ウ アクセスポイントとは、電波を利用して通信する中継器である。

エ アクセスポイントから直接インターネットにつながる。

3 次のネットワークの構成図のうち、A〜Dに当てはまる言葉を、あとのア〜エからそれぞれ1つずつ選びましょう。

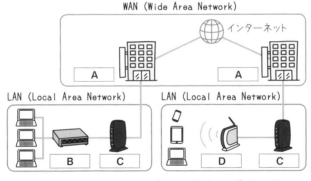

ア ハブ　　　　　**イ** ルータ　　　　　**ウ** アクセスポイント　　　　　**エ** ISP

4 次の文章の①〜⑦に当てはまる言葉を書きましょう。

　　コンピュータどうしをつなげ、データをやり取りする通信網を（　①　）といいます。コンピュータや電話、電化製品などの機器を相互に接続し、情報のやり取りをする通信網を（　②　）といいます。

　　ネットワークを接続する形態には、ケーブルを使って接続する有線LANと、ケーブルを使わないで接続する無線LAN（Wi-Fi）があります。有線LANではケーブルを集線・延長する機器である（　③　）が使われ、無線LANでは中継器から発している電波を利用して通信する機器である（　④　）が使われています。どちらも、異なるネットワーク間で通信する場合は（　⑤　）という機器を使わないと、通信することができません。

　　学校の建物のように、限られた範囲で利用されているコンピュータネットワークのことを（　⑥　）といいます。この（　⑥　）を相互接続してつくられた広範囲のネットワークを（　⑦　）といいます。

2 情報通信ネットワーク さまざまな接続形態

1 有線LANと無線LANの違い

コンピュータネットワークに接続するには、LANケーブルを使って通信する有線LANや、無線を用いた無線LANがあります。Wi-Fiは無線LANの規格の1つです。

● 有線LAN…ハブを使ってネットワークを有線ケーブルで接続する。異なるネットワークに接続するためには、ルータが必要。ハブ内蔵型が多い。

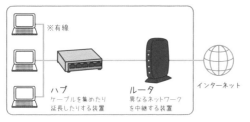

ハブ
ケーブルを集めたり
延長したりする装置

ルータ
異なるネットワーク
を中継する装置

インターネット

有線LANのメリットとデメリット

安定した高速通信
高速通信ができ、通信も安定する。同時接続の台数を簡単に増やすことができる。

配線が大変
配線の工夫やケーブルの管理が必要となる。また、端末の移動に制限がかかる。

● 無線LAN（Wi-Fi）…アクセスポイントという中継器から発している電波を利用して接続する。このアクセスポイントがハブの役割をする。また、交通機関や飲食店などでは、多くの人が利用できる公衆無線LANもある。無線LANなど、同一ネットワークを利用している人は、ネットワーク上でやり取りされているデータを見ることができる。そこで、IDやパスワードなどの認証や、データの盗み見を防ぐ暗号化などのセキュリティ保護が必要となる。

※無線LANで使われている通信規格の一部をWi-Fiという

アクセスポイント
無線LANに対応した
機器をネットワーク
につなげる装置

ルータ
異なるネットワーク
を中継する装置

インターネット

無線LANのメリットとデメリット

配線が不要
配線が不要で、機器の持ち運びができるようになり、データの共有が楽になる。

セキュリティ対策
誰がつないでいるか把握しにくいため、セキュリティ対策が必要。また、電波干渉で通信が不安定になることもある。

2 データ通信方式の違い

クライアントサーバシステムとは、クライアント（子機）とサーバ（親機）を組み合わせて使うシステムで、サーバを介したデータ通信方式です。
・クライアント…サービスを受ける側のコンピュータ。
・サーバ…サービスや機能を提供する側のコンピュータで、Web、メール、プリンタなど、多くのサーバがある。
　一方、ピア・ツー・ピア（P2P）とはコンピュータどうしが対等の関係でサービスの提供や受け取りを行うシステムで、サーバを介さないデータ通信方式です。

クライアントサーバ（確実性）

①送信　②要求
サーバ
③受信

あなた　　　　友だち

P2P（スピード重視）

音声データを
送り合って共有

あなた　　　　友だち

1 ピア・ツー・ピア（P2P）について説明しているものを１つ選びましょう。

   ア クライアントの代わりに Web にアクセスし、データを中継するシステム

   イ コンピュータどうしが対等の関係でサービスの提供や受け取りを行うシステム

   ウ 入力された ID とパスワードが登録されたものと一致するかどうかを確認するシステム

   エ 子機というクライアントと親機というサーバを組み合わせて使うシステム

2 クライアントサーバシステムの説明として誤っているものを１つ選びましょう。

   ア クライアントとは機能やサービスを提供するためのコンピュータである。

   イ クライアントとサーバの役割が分かれているため、１つに負荷が集中しない。

   ウ サーバにはデータを共有するファイルサーバやプリントサーバなどがある。

   エ サーバやネットワークが不調になるとクライアントは使用できない。

3 無線 LAN 対応コンピュータ以外は、機器どうしを線でつないでネットワークを構築します。接続図として正しいものを、ア〜エから１つ選びましょう。なお、図中のピンクのマークは無線の電波を表すこととします。

ア
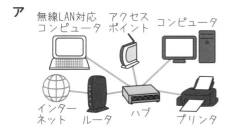

イ
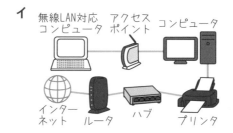

ウ
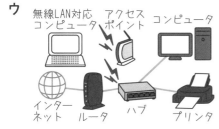

エ
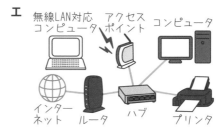

4 次の文章の①〜⑦に当てはまる言葉を書きましょう。

    ネットワークを接続する形態には、ケーブルを使って接続する（ ① ）と、ケーブルを使わないで接続する（ ② ）があります。（ ① ）ではケーブルを集線・延長する機器である（ ③ ）が使われ、（ ② ）では中継器から発している電波を利用して通信する機器である（ ④ ）が使われています。また、交通機関や飲食店などでは、多くの人が利用できる（ ⑤ ）があります。（ ⑤ ）では、誰がつないでいるか把握しにくいため、ID やパスワードなどの（ ⑥ ）や、データを盗み見られることを防ぐ（ ⑦ ）などのセキュリティ保護が重要です。

3 情報通信ネットワーク
プロトコルとIP

1 TCP/IPによる通信プロトコルの仕組み

コンピュータネットワークでデータ通信を行うときは、送信側と受信側で事前に通信方法を決めておく必要があります。これをプロトコルといいます。

・IP アドレス…機器に割り当てられている固有の番号のことで、ネットワーク上の場所を示す。データはパケットという伝送単位に分割して送る。情報通信機器の増大により、現在では、32ビットで構成される IPv4のアドレスは枯渇してしまい、128ビットの IPv6への移行が進められている。

▶IPアドレス

▶パケットによるデータ送信

・プロトコル…コンピュータどうしが通信を行うときの約束ごと。インターネットでは、TCP/IP（Transmission
Control Protocol ／ Internet Protocol）が使われ、4 階層モデルで通信が行われている。この他、UDP（User Datagram Protocol）は受信側でデータを確認する工程がなく、一方的にデータを送り続けられるため、高速性が重視される通信（動画配信など）に利用される。

▶TCP/IPの 4 階層モデルによる通信例

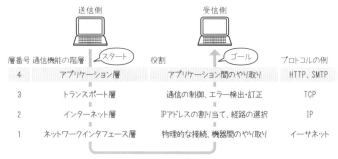

・IP の役割…パケットを目的の場所に届けるルーティング（経路制御）の役割を担い、次のパケットをどこに送るのかがわかるルーティングテーブル（経路制御表）を持つ。

2 回線交換方式とパケット交換方式の違い

あらゆる人が任意のタイミングで通信するためには、回線交換方式よりもパケット交換方式のほうが、通信経路を専有しないため、向いています。

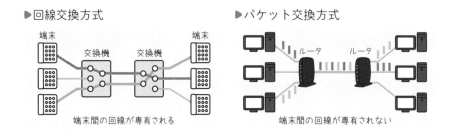

練習問題

1 IP アドレスについて説明しているものを１つ選びましょう。

　ア　アプリケーションやデータの順番を示す番号のこと

　イ　通信機器を自宅に送付するための郵便番号や住所のこと

　ウ　アプリケーションやデータを識別するための番号のこと

　エ　通信機器に割り当てられている固有の番号のこと

2 プロトコルの説明として誤っているものを１つ選びましょう。

　ア　プロトコルとはコンピュータの利用者に与えられる使用の権限をいう。

　イ　プロトコルとはネットワークで通信を行う場合の取り決めや手順をいう。

　ウ　プロトコルには動画配信などで利用される UDP がある。

　エ　プロトコルにはインターネットで標準的に使用される TCP/IP がある。

3 次のＡとＢの交換方式の図の説明として正しいものを、あとのア～エからそれぞれ２つずつ選びましょう。

A

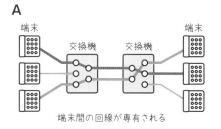

B

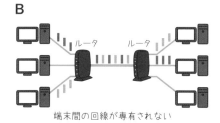

　ア　データを複数のパケットに分割して転送する方式。

　イ　１対１の通信で回線を占有しながら通信を行う方式。

　ウ　通信効率は悪くなるが、通信速度は安定する。

　エ　通信効率は高くなるが、通信速度が遅くなる。

4 次の図の A ～ D に当てはまる内容を、あとのア～エからそれぞれ１つずつ選びましょう。

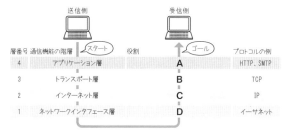

　ア　通信の制御やエラー検出、訂正を行う。

　イ　物理的な接続、機器間のやり取りを行う。

　ウ　アプリケーション間のやり取りを行う。

　エ　IP アドレスの割り当てや経路の選択を行う。

4 データ転送の仕組み

1 WWW（World Wide Web）とは

インターネットで情報を共有するためのシステムを WWW（World Wide Web）といい、Web とも呼ばれます。Web ページは、HTML と呼ばれる言語で記述されたテキストファイルと、ページに埋め込んで表示する画像ファイルなどで構成されます。

インターネット上の Web ページを見るには、Web ブラウザからリクエストを送り、Web サーバからデータを返します。その際には、HTTP というプロトコルを使います。

▶HTTPを用いたWebブラウザ・サーバのやり取り

https://xxx.co.jpのサイトを見たい

https://xxx.co.jpのサイト内容を返却します

https://xxx.co.jp

①HTTPリクエスト

Webサイトの内容

②HTTPレスポンス

クライアント　Webサーバ

2 DNS（Domain Name System）サーバとは

Web ページを見るには、Web ブラウザに URL(Uniform Resource Locator) を入力します。URL の https://www. に続く部分の一部をドメイン名といいます。

ドメイン名は IP アドレスに対応していて、IP アドレスをドメイン名で表す仕組みを DNS（Domain Name System）といいます。IP アドレスを DNS に自動的に変換するサーバを DNS サーバといい、この機能をドメイン解決といいます。

▶URLの基本的な構造

https://www.kanki-pub.co.jp/about/index.html

①プロトコル名
②ホスト名+ドメイン名
③ディレクトリ名
④ファイル名

▶DNSサーバの仕組み

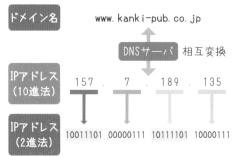

ドメイン名　www.kanki-pub.co.jp

DNSサーバ　相互変換

IPアドレス（10進法）　157　7　189　135

IPアドレス（2進法）　10011101　00000111　10111101　10000111

3 電子メールの仕組み

インターネットを利用したメッセージの交換には電子メールが使われます。

電子メールの送受信に使われるのがメールサーバで、送信には SMTP、受信には POP や IMAP というプロトコルを使います。

▶電子メールの仕組み

電子メール

SMTP　SMTP　POP

送信者　送信メールサーバ　受信メールサーバ　受信者

1 WWWについて正しく説明しているものを1つ選びましょう。

ア 入力されたIDとパスワードが登録されたものと一致するか確認すること。

イ インターネット上の通信をランダムな文字列に暗号化する仕組みのこと。

ウ コンピュータどうしが対等の関係でサービスの提供や受け取りを行うこと。

エ Webブラウザを介して、Webサーバにある情報を閲覧する仕組みのこと。

2 次の図の①〜④に当てはまる内容を、あとのア〜エからそれぞれ1つずつ選びましょう。

https://www.kanki-pub.co.jp/about/index.html
　　　↑　　　　　　　↑　　　　　　↑　　　　↑
　　（ ① ）　　　（ ② ）　　（ ③ ）　（ ④ ）

ア ディレクトリ名　　　　イ プロトコル名

ウ ホスト名＋ドメイン名　　エ ファイル名

3 次の文章の①〜⑤に当てはまる言葉を書きましょう。

Webページを見るには、Webブラウザの上部にWebページの場所を記述した（ ① ）を入力します。Webページの上部に「www.jouhou1.co.jp」のような文字列が表示されます。これを（ ② ）といいます。（ ② ）はIPアドレスに対応したコンピュータを識別するための名前で、IPアドレスを（ ② ）で表す仕組みを（ ③ ）といいます。（ ③ ）を自動的に行うサーバを（ ④ ）といい、この機能を（ ⑤ ）といいます。

4 次の図のサーバの説明として正しいものを、あとのア〜エから2つ選びましょう。

ア Webブラウザからリクエストを送り、Webサーバからデータを返す。

イ 電子メールを送信するとプロバイダのメールサーバにデータが送られる。

ウ 受信にはPOPやIMAP、送信にはSMTPの通信プロトコルが使われる。

エ 送信や受信には、おもにHTTPの通信プロトコルが使われる。

> **ひとことポイント！** URLの最初に「https」とあります。かつては「http」でしたが、近年は「s」が付いていることが一般的です。「s」が付いていないと平文でやり取りするため、同じネットワークに接続している人に、中身まで丸見えになってしまいます。（→104ページ）

5 ネットワークのセキュリティ

情報通信ネットワーク

わたしたちがネットワークを安全に利用するには、情報セキュリティの3要素（機密性、完全性、可用性→20ページ）はもちろん、認証技術やウイルス対策ソフトウェアなどによるセキュリティの確保が欠かせません。

完全なセキュリティは、誰も触れないようにすることですが、そうすると管理者も見られなくなります。そこで、一部の許可された人のみが見られるようにします。

1 情報セキュリティの確保と対策

・認証技術…IDやパスワードを利用するユーザ認証以外に、指紋や虹彩などの生体情報を利用した生体認証や、2つ以上の認証を組み合わせる多要素認証が用いられることもある。

▶生体認証の例

指紋認証　　虹彩認証　　静脈認証

・ファイアウォールの導入…外部ネットワークからの不正な侵入を防ぐ。ファイアウォールの機能の1つにパケットフィルタリングがあり、パケットにつけられた情報を検査して通過させるかどうかを判断する。

▶パケットフィルタリングの仕組み

許可されていないパケットは遮断される

許可されたパケットのみ通過できる

Webサーバ

・OSやアプリケーションの更新…OSやアプリケーションには、セキュリティホール（脆弱性）という弱点・欠陥がある。これを放置するとコンピュータウイルスの侵入や不正アクセスを許してしまう危険性があるため、アップデートして常に最新の状態に更新する必要がある。

・ウイルス対策ソフトウェアの導入…ウイルス対策ソフトウェアには、コンピュータウイルスに関するデータ

▶ウイルス対策ソフトの仕組み

ウイルス対策ソフトウェア

パターンファイル

Webページ
電子メール
プログラム
動画など

ブロック

定期的に更新し、新しいウイルスの情報を覚える必要がある

ベース（パターンファイル）を参照し、ウイルスを見つける機能がある。見つけたウイルスを駆除・隔離して無害化する。コンピュータウイルスや、ボット、ランサムウェアなどの不正なソフトウェアを総称してマルウェアといい、次々に新しい種類が出てくるため、ウイルス対策ソフトウェアは、常に最新の状態に更新しておく必要がある。

練習問題

① 次のア〜ウは生体情報を利用した認証の例です。それぞれ何という認証方式か、答えましょう。

ア　　　　　　　　　　　イ　　　　　　　　　　　ウ

② 次の図中の小さな四角はパケットを表し、レンガの壁はファイアウォールを表しています。このようにコンピュータネットワークにおいて、特定の条件に基づいてデータパケットをフィルタリングし、許可された通信のみを通過させる技術を何というか、カタカナで答えましょう。

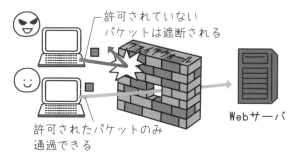

—許可されていない
　パケットは遮断される

ファイアウォール

Webサーバ

許可されたパケットのみ
通過できる

③ 次の文章の①〜⑦に当てはまる言葉を書きましょう。

　　コンピュータウイルスの侵入や不正アクセスから保護して、ネットワークを安全に利用する情報セキュリティ技術として、外部ネットワークからの不正な侵入を防ぐ（　①　）やウイルスから守るための（　②　）の導入が重要です。また、アプリケーションなどを最新の情報にする（　③　）も必要です。OSやアプリケーションには、（　④　）（脆弱性）という弱点・欠陥があります。これを放置するとコンピュータウイルスの侵入や不正アクセスを許してしまう危険性があるため、（　③　）して常に最新の状態に更新する必要があります。

　　その他の情報セキュリティ技術として（　⑤　）技術があります。IDやパスワードのユーザ認証や、指紋・虹彩などの生体情報を利用して本人を確認する（　⑥　）などはよく使われています。近年では、それらを組み合わせた（　⑦　）も多く用いられるようになっています。

6 情報システム
共通鍵暗号方式と公開鍵暗号方式

1 共通鍵暗号方式とは

情報通信ネットワークでは不特定多数の人が利用するため、データが盗み見されたり改ざんされたりする危険性があります。安全に通信を行うには、データの暗号化が重要です。

データを暗号化するには、鍵という仕組みを使います。暗号化されていないデータを平文といいます。送り手は、平文に鍵を使って暗号化（第三者が簡単にわからない状態にする）し、受け手は、受け取った暗号文を、鍵を使って復号（元の平文に戻す）します（ちなみに、鍵がない・わからないが無理やり平文に戻すことを「解読」といいます）。

送信側と受信側で同じ鍵を使うので共通鍵暗号方式といい、シーザー暗号はその1つです。

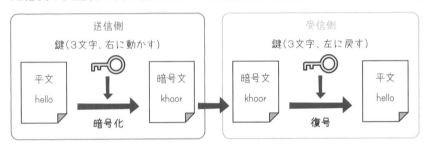

シーザー暗号はいくつかの文字を前後にずらす暗号です。「3文字、右に動かす」という鍵で、「hello」という平文は「khoor」に暗号化され、暗号文「khoor」は鍵を逆に使って「hello」に復号されます。

2 公開鍵暗号方式とは

公開鍵暗号方式は、まず、受け手がペアとなる公開鍵と秘密鍵を作成します。受け手は開けた状態の公開鍵を送り、秘密鍵は自分で持ちます。送り手は、公開鍵で平文を暗号化し、受け手に送ります。そして受け手は、秘密鍵で開けます。

公開鍵を管理しているのは認証局（CA）

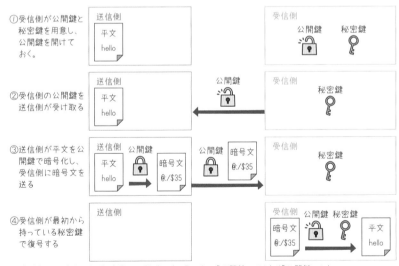

※錠と鍵でたとえましたが、実際には数式です。そのため「公開錠」ではなく「公開鍵」です。

で、公開鍵を送る相手に公開鍵が正しいことを保証する証明書を発行します。

共通鍵暗号方式は、通信相手ごとに異なる鍵を用意する必要があるだけでなく、暗号が解読されやすいという欠点があるのに対して、公開鍵方式では通信相手が違っても同じ公開鍵が使えるため、ネットワーク上で多数の人とやり取りするのに適しています。

練習問題

1 暗号化について説明しているものを1つ選びましょう。

ア　情報の量を量るときの単位のことで、ビットのこと

イ　コンピュータを利用する際に必要な本人確認のこと

ウ　第三者に解読されないようにデータを変換すること

エ　インターネットで標準的に使われるプロトコルのこと

2 共通鍵暗号方式について説明しているものを2つ選びましょう。

ア　暗号化や復号には、対となる異なる鍵を使用する。

イ　仕組みを説明する例として、シーザー暗号がある。

ウ　ネットワーク上では、暗号文ではなく平文で送られる。

エ　暗号化や復号には、同じ鍵を使用する。

3 次の公開鍵暗号方式の仕組みを説明する図の、A〜Dに当てはまる言葉を、それぞれあとのア〜エから選びましょう。

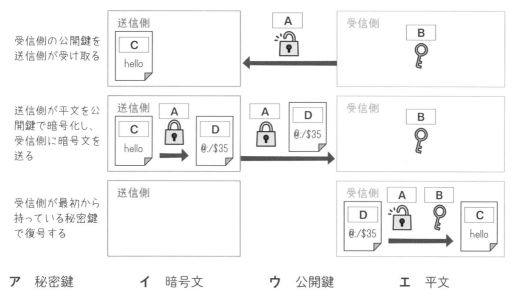

ア　秘密鍵　　　　　イ　暗号文　　　　　ウ　公開鍵　　　　　エ　平文

4 次の文章の①〜⑦に当てはまる言葉を書きましょう。

　情報通信ネットワークでは不特定多数の人が利用するため、安全に通信を行うにはデータの（　①　）が重要です。データを（　①　）するには、（　②　）という仕組みを使用します。まだ（　①　）されていないデータのことは（　③　）といって、（　①　）された暗号文を（　②　）を使って元の状態に戻すことを（　④　）といいます。

　暗号化の仕組みとしてよく利用されるものとして、同じ（　②　）を使う（　⑤　）方式と、公開鍵と秘密鍵の2つの（　②　）を使う（　⑥　）方式があります。公開鍵を管理し、正しい相手であることを保証する証明書を発行する機関が（　⑦　）です。

PART 4 情報通信ネットワークとデータの活用

7 情報システム 暗号化と認証技術

1 電子署名と電子証明書

　データの改ざんを防ぐ方法として、電子署名（デジタル署名）があります。これが本人のものであることを証明するものとして、認証局は電子証明書（デジタル証明書）を発行します。ハッシュ関数で算出された値（ハッシュ値）を確認することで、文章が改ざんされていないことを確認できます。

　ハッシュ関数を通すとハッシュ値を得られますが、一文字でも異なるとまったく別の値になります。ただし、同じ文字列なら、誰がいつ何回やっても、同じ値になります。

▶電子署名の仕組み

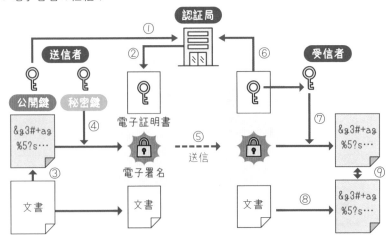

① 公開鍵を登録する
② 電子証明書を発行する
③ ハッシュ値を算出する
④ 秘密鍵で署名する
⑤ 送信する
⑥ 電子証明書の正当性を確認する
⑦ 公開鍵で復号する
⑧ ハッシュ値を算出する
⑨ 比較して検証する

2 無線LANも暗号化できる

　無線 LAN も、暗号化することができます。無線 LAN を暗号化するには、アクセスポイントで暗号化キーを設定し、他の機器が勝手に接続できないようにします。暗号化技術には規格があり、暗号化の方式や強度に違いがあります。

3 SSL/TLS(Secure Socket Layer/Transport Layer Security)

　SSL/TLS は、インターネットで安全にデータをやり取りするためのプロトコルです。Web ブラウザでこの通信を行う場合、「https://」（「s」がつく）で始まり、錠前のマークが表示されます。

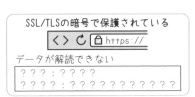

SSL/TLSの暗号で保護されている
〈 〉 🔄 🔒 https://
データが読読できない
？？？：？？？？
？？？？：？？？？？？？？？？？？

通信が暗号化されていない
〈 〉 🔄 🔒 http://
データが丸見え
お名前　：情報太郎
電話番号：090XXXXXXXX

1 暗号化について正しく説明しているものを1つ選びましょう。

ア 2つ以上の異なるネットワーク間を中継するための通信機器

イ Web ブラウザが Web サーバと通信する際に使用するプロトコル

ウ データの改ざんなどを防ぐため、第三者に解読できない状態にする方法

エ ユーザ ID やパスワードを用いて、本人を特定するための方法

2 SSL/TLS について正しく説明しているものを1つ選びましょう。

ア インターネット上で、データを暗号化して送信・受信できる規格

イ 情報漏洩対策やプライバシー保護の観点からその導入が推奨されている。

ウ 文書の改ざんを防ぐために、本人であることを証明するもの

エ コンピュータウイルス対策ソフトウェアの1つ

3 次の図は電子署名（デジタル署名）の仕組みを表しています。ア〜エに当てはまる言葉を1つずつ書きましょう。

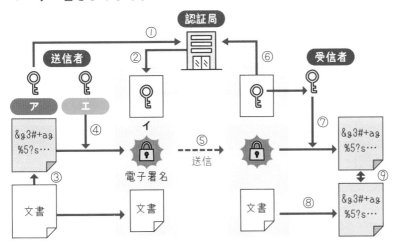

① （ **ア** ）を登録する
② （ **イ** ）を発行する
③ （ **ウ** ）を算出する
④ （ **エ** ）で署名する
⑤送信する
⑥電子証明書の正当性を確認する
⑦ （ **ア** ）で復号する
⑧ （ **ウ** ）を算出する
⑨比較して検証する

PART 4
情報通信ネットワークとデータの活用

ひとこと ポイント！ 自宅や学校のほか、駅や飲食店などでも、Wi-Fi に接続できる場面はどんどん増えていますよね。Wi-Fi に接続するときに、パスワードを要求されることがありますが、これが暗号化キーです。
無線 LAN の暗号化には WEP、WPA、WPA2、WAP3 などの規格があり、この中では WPA3 が最も暗号化の強度が高いです。

8 情報システム

データの活用、データベース

情報システムとは、ネットワークにつながったさまざまな情報機器が、データを収集し、共有し、伝達することで、多様な機能を提供する仕組みのことです。生活の中のさまざまな場面で活用されています。

1 交通の情報システム

道路、交通において事故や渋滞などの問題を解決するためのシステムを総称して高度道路交通システム（ITS）といいます。高度道路交通システムには、人工衛星を利用して現在の位置を確認するGPS（全地球測位システム）や、高速道路にて自動で料金収集を行うETC（自動料金収受システム）があります。

GPSを利用したカーナビ
ゲーションシステム

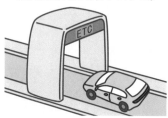

ETC（自動料金収受システム）

安全運転支援

この先渋滞
追突注意

2 防災の情報システム

自然災害の多い日本では、さまざまなデータを集めて予測し、緊急地震速報などの情報を多様なメディアで受け取ることのできる防災情報システムを整えています。

▶防災情報の例

防災無線

洪水警報
発令！

テレビ・
ラジオ放送

緊急地震速報

▶国土交通省ハザードマップポータルサイトより

3 電子商取引システム

電子商取引の広がりにより、ネットショッピング、ネットオークションなどインターネットを通じての商品・サービスの売買や、現金の代わりに利用できる電子マネーや2次元コードによる電子決済が使われています。また、POS（販売時点情報管理）システムでは、いつ、どの商品が、どんな価格で、いくつ売れたかなどの販売情報をリアルタイムで管理しています。

練習問題

❶ 電子商取引について説明しているものを1つ選びましょう。

　ア　インターネットを通じて異なるネットワークをつなぐこと

　イ　インターネットを通じて商品やサービスを売買すること

　ウ　インターネットを通じてメールの送信や受信をすること

　エ　インターネットを通じて交通情報を人々に伝えること

❷ 防災の情報システムの説明として誤っているものを1つ選びましょう。

　ア　日本は、地震や台風、津波などの自然災害が多く発生する。

　イ　自然災害の情報を発信することで災害への備えをしてもらう。

　ウ　地震や台風、津波などの自然災害のデータを集めて解析する。

　エ　地震で大きな揺れが来る前に緊急地震速報を発信する。

❸ 次の図は交通情報システムの一部です。AとBに当てはまる言葉を、アルファベット3文字でそれぞれ答えましょう。

（　A　）を利用したカーナビ
ゲーションシステム

（　B　）
（自動料金収受システム）

社会の中での情報システムは、日々、ものすごいスピードで進化し続けています。たとえば首都圏であれば、スマホ1つを持ち歩くだけで、「スマホに紐づけた交通系ICカードの機能で電車に乗車。いつも使う路線が遅延していたので、乗換案内アプリで別ルートを調べて、東京駅へ。駅構内の飲食店で昼食をとり、2次元コードによるコード決済で支払いをする。インターネットで予約した新幹線には、スマホを使ってチケットレス乗車。新大阪駅に着いたら、またもや交通系ICカードの機能で電車移動。インターネットで予約したコンサートを、デジタルチケットで入場して鑑賞。ホテルもインターネット予約しており、クレジットカードで決済済み。翌日、帰りの飛行機も2次元コードで搭乗」と、すべて完結することも可能です。

ひと昔前であれば、現金、切符、新幹線のチケット、コンサートのチケット、飛行機のチケット……といったものが必要でした。今後も、情報システムはどんどん進化し、わたしたちの暮らしにもさらなる変化が起きるでしょう。

9 データの活用、データベース
データベース

1 データベースとは

わたしたちが利用するオンラインショッピングやオンラインゲームなどのアプリケーションは、大量のデータを集めて使いやすい形に整理したデータベースを利用しています。

表計算ソフトなどと違い、データベースは、設計の段階から膨大なデータをどのように扱うのか決めて作るため、安全かつ効率よくデータを利用できます。

たとえば、わたしたちが現金の入金や出金を行う場合、銀行の窓口に行かなくても、データベースを活用したATM（現金自動預け払い機）を利用して手続きをすることができます。

データベースのメリット

データをしっかり管理
設計の段階で入力するデータを制御することで、誤ったデータの入力を防ぐ。また、データを一元管理している。

処理速度が落ちない
膨大なデータ量を扱う前提で作られているため、データ量が増えても処理速度が落ちない。

▶ATMの仕組み

日時	取扱店	入金	出金	残高
6月1日	A店	30,000		121,871
6月9日	B店		10,000	111,871

2 POSシステムとは

小売店ではPOS（販売時点情報管理）システムを活用し、どの商品がどんな価格で、いくつ売れたかなどの販売情報や、商品をいつ、いくつ仕入れるかなどの発注情報を、データベースを活用してリアルタイムで管理します。

▶POSシステムの仕組み

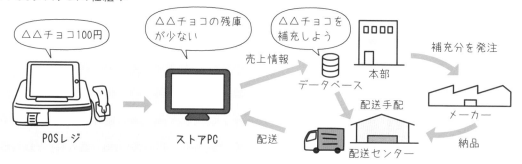

3 商品管理データの分析と活用の流れ

データベースに蓄積された情報は、目的に応じて検索や更新ができるため、集めたデータを分析したり別のデータと関連づけたりすることで、新たな情報をつくりだすことができます。

練習問題

❶ データベースについて説明しているものを1つ選びましょう。

ア 簡単にファイルが作成できるが、データ量が多いと処理速度は落ちる。

イ 膨大なデータ量を扱うため、ネットワークを利用することができない。

ウ 膨大なデータ量を扱う前提で作られていないので、処理速度は落ちる。

エ 膨大なデータ量を扱う前提で作られているので、処理速度は落ちない。

❷ データベースを活用した例として誤っているものを1つ選びましょう。

ア ショッピングサイトでは、データベースから検索された商品が表示される。

イ オンラインゲームでは、ユーザ情報などがデータベースで管理されている。

ウ クラスの同窓会の名簿では、住所録などを表計算ソフトで管理している。

エ 病院では、医師の診療記録などがデータベースで管理されている。

❸ 次の図はATMの仕組みです。図のアに当てはまる言葉を書きましょう。また、説明文を読んで、イとウに当てはまる金額をそれぞれ書きましょう。

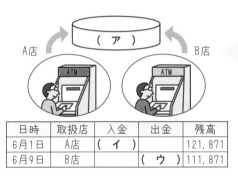

> わたしはATMを利用して、6月1日にA店で30,000円を預けました。その後、6月9日にB店で10,000円を引き出しました。

日時	取扱店	入金	出金	残高
6月1日	A店	（ イ ）		121,871
6月9日	B店		（ ウ ）	111,871

❹ 次の図はPOSシステムの仕組みを表しています。A〜Dに当てはまる言葉を、あとのア〜エから選びましょう。

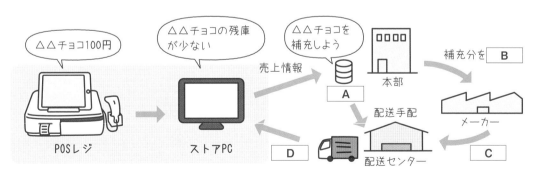

ア 発注   イ 配送   ウ 納品   エ データベース

10 データベース管理システムと データモデル

データの活用、データベース

1 DBMS(データベース管理システム)とは

DBMS（データベース管理システム）とは、データベースの作成、運用、管理をするためのシステムです。SQL（Structured Query Language）などの問い合わせ言語を使い、問い合わせ（query）をすることで、データベースを制御します。

データベースは情報セキュリティで求められる機密性、完全性、可用性（→20ページ）を確保しています。

▶DBMSの機能

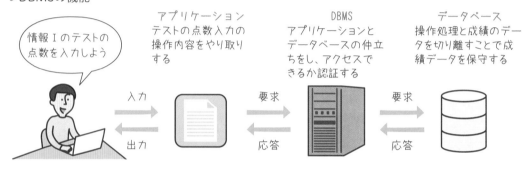

情報Ⅰのテストの点数を入力しよう

アプリケーション
テストの点数入力の操作内容をやり取りする

入力　出力

DBMS
アプリケーションとデータベースの仲立ちをし、アクセスできるか認証する

要求　応答

データベース
操作処理と成績のデータを切り離すことで成績データを保守する

要求　応答

2 データモデルとは

データベースは、データ相互の関連性を図や表などに表したデータモデルに基づいて作成されます。

- RDB（リレーショナルデータベース）…日本語では、関係データベース。表の形でデータを扱い、複数の表を関連づけるデータベースのこと。このようなデータを構造化データという。

出席番号	氏名	部活動
1	田中太郎	野球部
2	佐藤花子	バスケ部
3		

出席番号	情報Ⅰの点数	英語の点数
1	65	…
2	73	…
3	71	…

氏名	情報Ⅰの点数
田中太郎	65
佐藤花子	73
山田次郎	71

必要な情報を取り出せる

- NoSQL（ノーエスキューエル）…メッセージや音声、動画、画像などそのままの形で格納できるデータベースのこと。このように構造化できないデータを非構造化データという。

❶ データモデルについて説明しているものを1つ選びましょう。

ア データの名称とデータ相互の関連性を図や表などに表したもの

イ データの中から重複や誤記などを探し出し、削除や修正をすること

ウ 文字を表示・印刷できるように、文字形状をデータとして表したもの

エ コンピュータ上で文字や符号、数値などのまとまりとして表現したもの

❷ DBMS（データベース管理システム）が持つ機能の説明として、誤っているものを1つ選びましょう。

ア データの更新が同時に起きないように、先にアクセスしたほうがロックする機能

イ データの改ざんを防ぐため、文書に電子署名（デジタル署名）を付加する機能

ウ ユーザごとにアクセスできるデータに制限を設ける機能

エ 障害が発生しても、障害の直前のバックアップ情報から復旧を行う機能

❸ データベースは、情報セキュリティの3要素を確保しています。次の図のA〜Cに当てはまる言葉を、「○○性」のようにそれぞれ答えましょう。また、A〜Cに当てはまる内容を、あとのア〜ウから1つずつ選びましょう。

ア テストの点数は整数のデータは入力できるが、小数のデータは入力できない。

イ 数学の成績の入力は数学の先生だけができて、他の教科の先生はできない。

ウ データを誤って削除しても、バックアップから復元して業務を継続できる。

❹ 次の文章の①〜⑧に当てはまる言葉を書きましょう。

　わたしたちが利用するオンラインショッピングやオンラインゲームなどのアプリケーションは、大量のデータを集めて使いやすい形に整理した（　①　）を利用しています。（　①　）では、（　②　）というシステムを利用して作成、運用、管理をしています。（　②　）では、SQLなどの問い合わせ言語を使い、（　③　）をすることで、データの追加・削除・更新などを行います。

　（　①　）は、データ相互の関連性を図や表などに表した（　④　）に基づいて作成されます。表の形でデータを扱い、複数の表を関連づける（　①　）を（　⑤　）といいます。そこで使われるデータを（　⑥　）といいます。一方で、メッセージや画像、音声など構造化できないものを（　⑦　）といい、それをそのままの形で格納する（　⑧　）という（　①　）は、近年ではビッグデータの分析などに利用されています。

11 データ分析 データの形式

1 データの活用

コンピュータを使った情報学や数学、統計学などの専門的な知識を使って、大量かつ多様なビッグデータなどを分析することをデータサイエンスといいます。

表形式のデータである構造化データや、音声・動画・画像などの非構造化データを分析の対象とし、大量のデータから意味のある情報を導き出し、新たな価値を生み出します。

2 データの収集

データを収集する方法の1つとして、インターネットで公開されているオープンデータがあります。オープンデータは、国の行政機関や研究所、企業が持つ公開データで、誰もが自由に利用できて、その価値が高いものです。

▶オープンデータの例
「地図で見る統計（jSTAT MAP）」

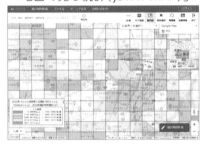

3 アンケート調査からデータを分類する

アンケート調査で収集されたデータは、質的データと量的データの2つに大別され、さらに名義尺度、順序尺度、間隔尺度、比例尺度の4つの尺度に分けられます。

○○博物館見学会　健康観察カード
・日にち　令和＿＿年＿＿月＿＿日
・名前　＿＿＿＿＿＿＿　・年齢　＿＿歳
・血液型　A・B・AB・O
・朝の体温　＿＿度
・健康状態　＿＿（数字で答える）
　1：よい　2：ふつう　3：わるい
※発熱や風邪症状がある場合は参加できません。

データの種類	尺度	例
質的データ 文字情報の分類や個人の識別などに使われるデータ	名義尺度 個人や項目を区別する	名前、血液型
	順序尺度 数値として段階的に表現する	健康状態
量的データ 長さや重さ、時間など数値として意味のあるデータ	間隔尺度 間隔に意味がある	体温、年号
	比例尺度 間隔だけでなく比率にも意味がある	年齢

4 データの整理

収集したデータは、そのまま利用できるとは限りません。欠けている値（欠損値）や異常な値（外れ値）が含まれる場合もあるので、確認や修正が必要です。

1 オープンデータについて説明しているものを1つ選びましょう。

ア テキスト・音声・動画・画像など、大量かつ多様で、発生頻度の高いデータ

イ 身長・金額など、数値で推し測ることができ、数字の大小に意味を持つデータ

ウ 順位、学年など順序や数値に意味があるデータ

エ インターネットで公開されていて、誰もが自由に利用できるデータ

2 データサイエンスの説明として誤っているものを1つ選びましょう。

ア 情報学や統計学などの専門的な知識を使ってデータを分析する。

イ 大量のデータから意味のある情報を導き出し、新たな価値を生み出す。

ウ コンピュータが、言語の理解や推論、問題解決などの知的行動を行う。

エ 構造データだけではなく、非構造データも分析の対象としている。

3 次のアンケート調査から、データを分類しました。データの分類の表A～Dの内容に当てはまるものを、あとのア～カからすべて選びましょう。

▶アンケート調査

```
文化祭の来場者アンケート

・日にち  令和＿＿年＿＿月＿＿日
・名前  ＿＿＿＿＿＿＿＿＿＿＿
・年齢  ＿＿歳
・文化祭の滞在時間  ＿＿分
・一番印象に残った模擬店をお答えください。
  ＿＿＿＿＿＿＿＿＿＿＿＿＿＿＿
・文化祭の満足度を5段階でお答えください。
  満足  5—4—3—2—1  不満
```

▶データの分類

データの種類	尺度	例
質的データ	名義尺度	A
	順序尺度	B
量的データ	間隔尺度	C
	比例尺度	D

ア 滞在時間　　イ 名前　　ウ 満足度　　エ 年号　　オ 年齢　　カ 模擬店名

4 次の文章の①～⑧に当てはまる言葉を書きましょう。

　データは2つの種類に大別できます。1つは文字情報の分類や個人の識別などに使われる（　①　）で、もう1つは長さや重さ、時間など数値として意味を持つ（　②　）です。さらに、それぞれの値の持つ性質から4つの尺度に分類されます。（　①　）は、個人や項目を区別する（　③　）と、数値として段階的に表現する（　④　）に分類されます。そして、（　②　）は、間隔に意味のある（　⑤　）と、間隔だけでなく比例にも意味がある（　⑥　）に分類されます。

　収集したデータは、そのまま利用できるとは限りません。欠けている値である（　⑦　）や異常な値である（　⑧　）が含まれる場合もあるので、確認や修正が必要です。

12 データ分析 データの関係

1 データ分析の流れ

データは、集めるだけでは価値を持ちません。課題に対してデータを収集し、分析して結果を得ることで、はじめて価値を持ちます。

データを分析するには、問題を明確にし、目的や解決すべきことを正確に把握することが大切です。多くのデータの中からデータを集めて抽出し、それを分析しやすいように、グラフを用いて整理や加工をします。

▶データ分析の流れ

データの収集
↓
データの整理
↓
データの分析

2 データ分析とグラフ

データを集めてグラフ化することで、データの傾向をつかむことができます。

帯グラフ…帯全体を100%として、各項目の構成比を表す。

ヒストグラム…量的データ(数値として意味のあるデータ)の分布の様子を表す。

情報Ⅰのテストの点数(点)

散布図…縦軸と横軸にそれぞれ別の量をとり、データが当てはまるところに点を打つ。

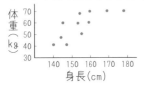

クロス集計表…2つ以上の観点でデータをまとめる。

オンライン授業の満足度(人)

	とても満足	満足	ふつう	不満	とても不満
1組	10	13	8	3	2
2組	7	16	11	2	0

3 2つのデータの関係性

アイスクリームとビールの月別支出金額(2022年)の関係を示した散布図を見てみましょう。この散布図から、この2つの量の間に何かしらの相関関係(相対的な関係)があることが考えられます。

しかし、因果関係(原因と結果の関係)まではわかりません。交絡因子(結果に影響を及ぼす変数)によって2つの変数の間に因果関係があるように見えることを疑似相関といいます。

▶アイスクリームとビールの月別支出金額(2022年)の関係を表した散布図

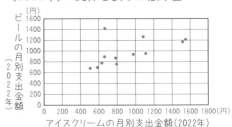

アイスクリームの月別支出金額(2022年)

「アイスクリームが売れるとビールも売れる」のではなく、第三の変数(交絡因子)があると考えられる。この場合は「気温」(気温が上がるとアイスクリームもビールも売れる)。

❶ 帯グラフについて説明しているものを1つ選びましょう。

ア　縦軸にデータ量をとり、棒の高さでデータの大小を表したグラフ

イ　全体を100%として、その中に占める項目の構成比を扇状で表したグラフ

ウ　おもに時系列などの連続的に変化する数値をとらえるときに使用するグラフ

エ　全体を100%として、項目の構成比を分割する長方形の面積で表したグラフ

❷ クロス集計の説明として誤っているものを1つ選びましょう。

ア　1つの設問に対して集計する方法である。

イ　2つの設問をかけ合わせて集計する方法である。

ウ　3つの設問、4つの設問を組み合わせて集計することができる。

エ　集計結果からさまざまな側面を分析することができる。

❸ データ分析の流れの図のA～Cに当てはまる言葉を、あとのア～ウから選びましょう。

データの [A]
↓
データの [B]
↓
データの [C]

ア　分析

イ　整理

ウ　収集

❹ 次のA～Cのグラフの名称をそれぞれ答えましょう。

A

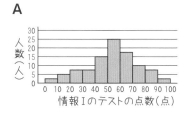

B

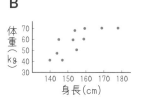

C

	とても満足	満足	ふつう	不満	とても不満
1組	10	13	8	3	2
2組	7	16	11	2	0

❺ 次の文章の①～④に当てはまる言葉を書きましょう。

　　統計学では、2つの変数の間に直線関係に近い傾向が見られるときに「（　①　）がある」と言うことが多いです。しかし、原因と結果の関係である（　②　）まではわかりません。2つの量に（　②　）があるように見えたとしても、見えない要因によってそのように推測されるためです。これは、2つの変数の間に結果に影響を及ぼす変数である（　③　）が関係しています。（　③　）によって因果関係があるように見えることを（　④　）といいます。

データ分析
13 量的データの分析手法①

1 度数分布表とヒストグラムとは

　集めた調査結果をいくつかのグループに区分し（階級）、それぞれに属するデータの個数（度数）を記入したものを度数分布表といいます。そして、度数分布表を、柱状のグラフで表したものをヒストグラム（柱状グラフ）といいます。ヒストグラムでは、横軸にデータの階級を、縦軸にその階級に含まれるデータの個数（度数）をとります。

　ヒストグラムは、ある集団の個々の数値の分布をグラフにしたものであり、量的データの様子を見るときに用いられます。

　たとえば、40名が受けたテストの点数で度数分布表を作成し、その度数分布表をヒストグラムに表すことで、得点分布の傾向がわかります。

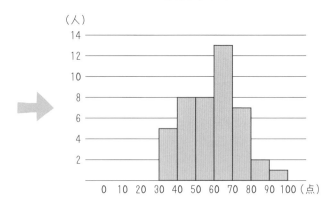

度数分布表

階級（点数）	度数（人数）
0点以上10点未満	0
10点以上20点未満	0
20点以上30点未満	0
30点以上40点未満	5
40点以上50点未満	6
50点以上60点未満	6
60点以上70点未満	13
70点以上80点未満	7
80点以上90点未満	2
90点以上100点以下	1
合計	40

ヒストグラム

2 平均値・中央値・最頻値とは

・平均値…データの合計をデータの個数で割った値。

・中央値（メジアン）…順番にデータを並べたときに中央にある値。

・最頻値（モード）…最も頻度が高い値。

※ただし、ソフトウェアによって中央値の求め方が異なる場合がある。

> **例** データが「2, 2, 3, 4, 5, 6」のとき
> ● 平均値…（2+2+3+4+5+6）÷6＝3.666……
> ● 中央値（メジアン）…6つあるデータのうち、3番目の値「3」と4番目の値「4」の平均で、3.5
> ● 最頻値（モード）…「2」が2つあるので、2

1 度数分布表について正しく説明しているものを1つ選びましょう。

ア おもに時系列などの連続的に変化する数値をとらえるときに使用する。

イ データを階級ごとの度数で整理した表である。

ウ 全体を100%として、項目の構成比を分割する長方形の面積で表す。

エ 縦軸にデータ量をとり、棒の高さでデータの大小を表す。

2 ヒストグラムの説明として誤っているものを1つ選びましょう。

ア 量的データの分布の様子を見るのに用いられるグラフである。

イ データをいくつかの階級に分けた、度数分布表から作成したグラフである。

ウ 横軸と縦軸にそれぞれ別の量をとり、データが当てはまるところに点を打つ。

エ 横軸にデータの階級を、縦軸にその階級に含まれるデータの数をとる。

3 次の表やグラフの説明として誤っているものを、あとのア～ウから1つ選びましょう。

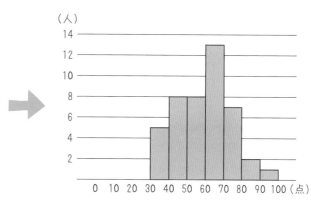

度数分布表

階級(点数)	度数(人数)
0点以上10点未満	0
10点以上20点未満	0
20点以上30点未満	0
30点以上40点未満	5
40点以上50点未満	6
50点以上60点未満	6
60点以上70点未満	13
70点以上80点未満	7
80点以上90点未満	2
90点以上100点以下	1
合計	40

ア データの度数が最も多いのは、60点以上70点未満である。

イ 度数分布表とヒストグラムのデータの階級の幅はそれぞれ10点である。

ウ この表とグラフから数学と理科の得点には相関関係が見られる。

4 データが「1, 1, 3, 4, 6, 8」のときの中央値と最頻値はいくつでしょうか。

PART **4** 情報通信ネットワークとデータの活用

ひとこと ポイント！ 社会科の授業で出てくる「人口ピラミッド」も、ヒストグラムです。柱が長いほど、その年齢の人口が多いことがわかります。

14 データ分析 量的データの分析手法②

1 偏差、分散、標準偏差、共分散とは

平均値はデータの統計量としてよく使われますが、データのばらつき方はわかりません。そこで、データの散らばり具合を示すためには、分散や標準偏差が使われます。

- 偏差…データの各値から平均値を引いた値。
- 分散…偏差の2乗の平均。分散が大きいほど、平均値を基準とする散らばり具合が大きいことを示す。
- 標準偏差…分散の正の平方根。分散は2乗した値を扱うため、直感的にわかりにくい。正の平方根で示すことで、元の単位にそろえる。
- 共分散…2種類のデータの偏差の積の平均。相関の正・負の判断や、相関係数の計算に用いられる。

▶正規分布のグラフ

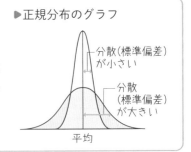

たとえば、英語のテストで60点、数学のテストで70点をとったとします。数学のテストのほうが点数自体は高いですが、英語は平均点が40点、数学は平均点が70点だったとしたらどうでしょう。このように、教科によって平均点や得点の散らばりに違いがあるため、単純にどちらの成績がよいかは比較できません。それぞれの「偏差値」を求めることで比較できます。

2 2つのデータの関連性を分析する

2つのデータを集めてその関連性を分析したいときは、散布図を使います。

散布図は、横軸と縦軸にそれぞれ別の数値（変数）をとり、データが当てはまるところに点を打って（プロット）示したグラフです。2つの量に関係があるかどうかを見るのに非常に便利です。

▶身長と体重の散布図

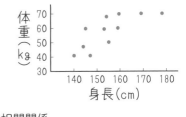

たとえば、身長と体重の散布図から、身長と体重の相対的な関係（相関関係）を見ることができます。

身長が増えると体重も増えるように、2つのデータの関係が右上がりになっていれば正の相

▶2つのデータの関係を示す相関関係

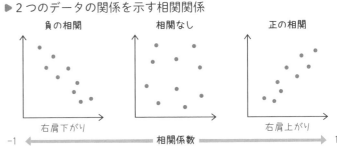

関、逆に右下がりになっていれば負の相関。関連性がない場合は相関なしといえます。正の相関が強ければ強いほど相関係数は1に近づいて、負の相関が強ければ強いほど、－1に近づきます。0に近いほど関係性が弱くなります。

練習問題

1 散布図について説明しているものを 1 つ選びましょう。

　ア　横軸にデータの階級を、縦軸にその階級に含まれるデータの数をとるグラフ

　イ　縦軸にデータ量をとり、棒の高さでデータの大小を表したグラフ

　ウ　四角い箱の上下に、ひげが生えている形をしたグラフ

　エ　横軸と縦軸にそれぞれ別の量をとり、データが当てはまるところに点を打ったグラフ

2 次の図の、A と B に当てはまる言葉を答えましょう。

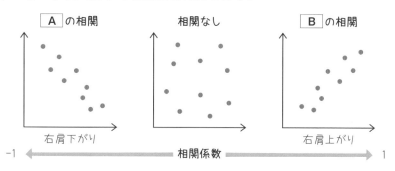

3 次の文章の①〜④に当てはまる言葉を書きましょう。

　（　①　）とは、データの各値から平均値を引いた値です。（　①　）では個々のデータの散らばりを示すことができますが、データ全体の散らばりを見るとき、（　①　）の平均を求めるだけではうまくいきません。なぜなら、（　①　）の平均は必ず 0 になるからです。（　①　）の 2 乗の平均を求めることで、データの散らばりの程度をはかります。これを（　②　）といいます。（　②　）が大きいほど、平均値を基準とするデータ全体の散らばりが大きいことを表します。

　（　②　）は、（　①　）の 2 乗の平均をとっているため、単位が元のデータと異なります。そこで、元のデータと単位をそろえるため、（　②　）の正の平方根をとり、その値を（　③　）といいます。2 種類のデータの（　①　）の積の平均は、（　④　）といい、相関係数の計算などに使われます。

　偏差値とは、データの平均が50、標準偏差が10になるように調整した値です。平均と比べたときに、自分がどのくらいの位置にいるかを確認することができます。たとえば、平均点をとれば偏差値は50。平均点より高い点数をとれば、偏差値は50より高く、平均点より低い点数をとれば、偏差値は50より低くなります。

PART
4
情報通信ネットワークとデータの活用

データ分析
15 量的データの分析手法③

1 箱ひげ図とは

　四角い箱の上下（または左右）にひげが生えている形をしているものを箱ひげ図といって、中央値を基準とするデータの散らばり具合を表すのに使います。

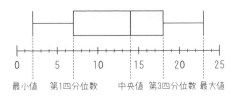

　箱ひげ図では、データを最小値、第1四分位数、中央値（第2四分位数）、第3四分位数、最大値の5つの代表値で表現します。箱ひげ図にすることで、中央値を基準としてどの程度データのばらつきがあるか、視覚的に見ることができます。

- 中央値…データを大きさ順に並べたとき、中央に位置するデータ
- 第1四分位数…データの個数を4等分した場合の、25％の区切りの値。中央値より下位にあるデータの中央値
- 第3四分位数…データの個数を4等分した場合の、75％の区切りの値。中央値より上位にあるデータの中央値
- ※四分位数とはデータを小さい順に並べて、4等分したときの区切りの値

2 箱ひげ図を作成する手順

　次の表のデータは、ある都市の雨の降った日数を月ごとにまとめたものです。箱ひげ図を作ってみましょう。

	1月	2月	3月	4月	5月	6月	7月	8月	9月	10月	11月	12月
雨の降った日数（日）	12	9	9	9	10	12	12	9	10	8	7	8

①表のデータを小さい順に並べる。

7、8、8、9、9、9、9、10、10、12、12、12

②小さい値から数えて総数の25％の位置にあたる値が、第1四分位数となる。

　4等分した25％の区切りの値は3番目と4番目の間に位置するため、3、4番目の平均値を求める。3番目が8、4番目が9なので、第1四分位数は8.5。

③小さい値から数えて総数の75％の位置にあたる値が、第3四分位数となる。

　9番目が10、10番目が12なので、第3四分位数は11。

④データの最大値は12、最小値は7なので、データの範囲は5。中央値は9となる。

⑤箱ひげ図を書き込む。

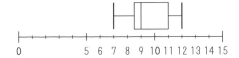

❶ 箱ひげ図について正しく説明しているものを１つ選びましょう。

ア　データをいくつかの階級に分け、度数分布表を作成してグラフにしたもの

イ　四分位数を用いてデータの散らばりをグラフにしたもの

ウ　縦軸にデータ量をとり、棒の高さでデータの大小を表したグラフ

エ　全体を100％として、項目の構成比を、帯を分割する長方形の面積で表したグラフ

❷ 次の表のア～ウはどんな値を表すか、それぞれ当てはまる言葉を書きましょう。

(**ア**)…データを大きさ順に並べたとき、中央に位置するデータ

(**イ**)…データの個数を４等分した場合の、25％の区切りの値

(**ウ**)…データの個数を４等分した場合の、75％の区切りの値

❸ 次の表を見て、あとのア～ウの問いに答えなさい。

最小値	34
第1四分位数	47
中央値	53.5
第3四分位数	58
最大値	66

ア　このデータの最大値を書きなさい。

イ　このデータの最小値を書きなさい。

ウ　このデータの範囲を書きなさい。

❹ 次のデータは、情報Ⅰの小テストの点数をまとめたものです。あとのア～オの問いに答えなさい。

	田中さん	鈴木さん	木村さん	佐藤さん	工藤さん
点数	6	10	7	4	9

ア　データの範囲はいくつか。

イ　データの中央値はいくつか。

ウ　データの第１四分位数はいくつか。

エ　データの第３四分位数はいくつか。

オ　データの箱ひげ図を書きなさい。

```
 0  1  2  3  4  5  6  7  8  9  10 11 12 13 14 15
```

ひとことポイント！　数学の教科書では横向きの箱ひげ図が多く見られますが、研究データ等では、縦向きの箱ひげ図が多く使用されています。

PART **4** 情報通信ネットワークとデータの活用

データ分析
16 量的データの分析手法④

1 回帰分析とは

近年、ビッグデータなどの多量のデータを分析して、将来を予測するということが広く行われるようになりました。将来を予測するための分析の1つに回帰分析があります。

回帰分析とは、求めたい要素の値に対し、他の要素がどの程度、影響を与えているかを分析するものです。

独立変数（演算を行うときの条件になる変数）x と、従属変数（x の演算を行うことで値が決定する変数）y の間

▶散布図と回帰直線、残差

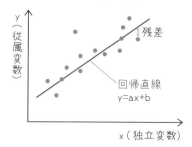

の関係を推定します。独立変数が1つなら、$y = ax + b$ の回帰直線で表します。x の値に対応する y の値と $ax + b$ の値の差を残差といい、残差の2乗の和が最小になるように a、b の値を定めます（最小2乗法）。このように、ある変数の変化が別の変数の変化に与える影響がわかることで、未知の値を予測できます。この計算は表計算ソフトで行えます。

2 回帰分析の利用例（マーケティングでの活用例）

たとえば、「気温が高いとアイスクリームは売れそう」と予測できます。そこで、一世帯あたりのアイスクリーム支出金額と東京都の平均気温のデータを使って、回帰分析を行います。

2021年	1月	2月	3月	4月	5月	6月	7月	8月	9月	10月	11月	12月
支出金額（円）	510	458	602	708	915	1089	1485	1658	973	779	582	620
平均気温（℃）	5.4	6.1	9.4	14.3	18.8	21.9	25.7	26.9	23.3	18	12.5	7.7

①x軸に東京都の平均気温、y軸に一世帯あたりのアイスクリーム支出金額をとった散布図を作成する。

②散布図から回帰直線を求める。

回帰直線が $y=48.219x + 63.283$ と求められるので、気温が30℃のときは、$x=30$ を代入。
$y=48.219 \times 30 + 63.283 = 1509.853$ 円と推定できる。

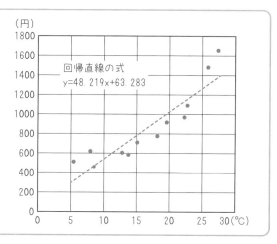

このように、回帰直線の式の x に気温の値を代入することで、データのない気温に対する支出金額を推定することができます。

❶ 回帰直線について説明しているものを１つ選びましょう。

ア 四角い箱の上下に、ひげが生えている形をしたグラフ

イ データのばらつき具合を示したもの

ウ 縦軸にデータ量をとり、棒の高さでデータの大小を表したグラフ

エ 求めたい要素の値に対し、他の要素がどの程度影響を与えているかを分析するもの

❷ 次の文章の①〜③に当てはまる言葉を書きましょう。

（　①　）とは、求めたい要素の値に対し、他の要素がどの程度影響を与えているかを分析するものです。独立変数（演算を行うときの条件になる変数）x と、従属変数（x の演算を行うことで値が決定する変数）y の間の関係を推定します。独立変数が１つなら、y ＝ ax ＋ b の（　②　）で表します。x の値に対応する y の値と ax ＋ b の値との差を（　③　）といいます。

❸ 回帰直線の式 y ＝ ax ＋ b の x に数値を代入することで、未知の状況を推測することができます。前ページの例において、気温が32℃だった場合の一世帯あたりのアイスクリーム支出金額を計算しましょう。ただし、小数第一位を四捨五入して整数で書きましょう。

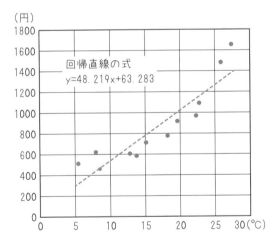

回帰直線の式
y=48.219x+63.283

 たとえば、あるかき氷屋さんの店主が、最高気温とかき氷の販売数を毎日記録していたとします。そのデータで回帰分析を行い、回帰直線を求められれば、「明日の最高気温は△度か。最高気温を回帰直線に代入すると……明日は◇杯売れそうだな！」と、翌日のかき氷の販売数を予測することができ、何をどのくらい準備すればいいかという、仕込みに役立つのです。

17 データ分析 統計的検定

1 標本調査とは

　新聞やテレビでよく見る内閣支持率は、標本調査に
よって統計的に世論を推定しています。標本（一部）か
ら母集団（全体）の特性を推定する手法です。

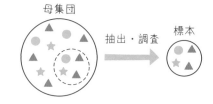

母集団　抽出・調査　標本

　標本調査では、全数調査の結果とは異なる可能性があ
るので、統計的検定を行い、傾向や特性（仮説）が有効
かどうか判断する必要があります。統計的検定とは、このような推定、つまり母集団に関する
仮説を標本から得た情報に基づいて検証することを指します。

2 仮説検定とは

　仮説検定とは、主張したいことが、よくありがちな結果か特別な結果かを調べることです。
母集団に対する仮説を立てて、標本から仮説がどの程度の確率で正しいかを調べます。

　たとえば、表と裏が等確率で出るとされているコインについて考えます。このコインを10
回投げて、9回表が出たとしたら、このコインには裏表の出方に偏りがあることが疑われます。

⑴仮説を立てる…「コインの裏表の出方に偏りがある」
⑵調査・集計を行う…コインの表が出る回数を調査する。
⑶帰無仮説を立てる…「コインの裏表の出方に偏りがない」
⑷仮説検定を行う…③が正しいという前提のもと、②の調査結果が出現する確率を
計算する。
→確率（P値）が判断基準（有意水準）より低ければ、③の帰無仮説は棄却され（捨
てて取り上げないこと）、①の仮説が立証される。帰無仮説を棄却するときの判断
基準（有意水準）には一般的には0.05（5％）の確率が使われるが、より慎重な
判断が必要なときには0.01（1％）も用いられる。

$P < 0.01$	有意水準1％で有意差あり
$P < 0.05$	有意水準5％で有意差あり
$0.05 \leqq P < 0.10$	有意傾向あり
$0.10 \leqq P$	有意差なし

▶コインの表の出る確率

表の回数	確率（％）
0	0.1
1	1.0
2	4.4
3	11.7
4	20.5
5	24.6
6	20.5
7	11.7
8	4.4
9	1.0
10	0.1

表が9回以上出る確率は、右の表から、0.1＋1.0＝1.1（％）。有意水準を5％と設
定すると、帰無仮説を棄却し、コインの裏表の出方に偏りがあると判断できる。
一方、有意水準を1％に設定すると、コインの裏表の出方に偏りはないと判断する。

3 いろいろな検定

　標本から母集団の平均や分散などを推定し、その推定がどの程度の割合で正しいかを検定す
るには、t分布を用いるt検定、χ^2分布を用いるχ^2検定、F分布を用いるF検定、尤度比検定
などがあります。　※χ^2は「カイ2乗」と読む。

練習問題

1 標本調査について説明しているものを1つ選びましょう。

   ア 母集団に対する仮説を立てて、標本から仮説の正しさを検証する。

   イ 母集団（全体）から、標本（一部）の特性を推定する。

   ウ 標本（一部）から、母集団（全体）の特性を推定する。

   エ インタビューを通して対象者の情報を取得する。

2 統計的検定の説明として誤っているものを1つ選びましょう。

   ア 母集団の平均値の推定を調べる検定手法の1つに t 検定がある。

   イ クロス集計などで、2つの変数の独立性を調べる検定手法の1つに x^2 検定がある。

   ウ データの改ざんなどを防ぐため、解読できない状態にする方法を暗号化という。

   エ 母集団に対する仮説を立てて、標本から仮説の正しさを検証することを仮説検定という。

3 次の図は、標本調査のイメージ図です。A〜Cに当てはまる言葉を答えましょう。

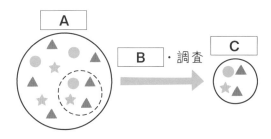

4 次の文章の①〜⑥に当てはまる言葉を書きましょう。

  （ ① ）では、標本（一部）から母集団（全体）の特性を推定します。そのため、（ ① ）では全数調査の結果とは異なる可能性があるので、（ ② ）を行い、傾向や特性（仮説）がどの程度有効であるか判断する必要があります。

  （ ③ ）とは、母集団に対する仮説を立てて、標本から仮説がどの程度の確率で正しいかを調べることをいいます。（ ③ ）を行うには、まず仮説を立てます。次に仮説を否定する（ ④ ）を立てます。その仮説についての確率を計算で求めます。（ ④ ）を棄却するときの判断基準となる値である（ ⑤ ）を設定し、確率（P値）が（ ⑤ ）よりも低ければ、（ ④ ）が間違っていると判断、つまり（ ④ ）が（ ⑥ ）されて、仮定が正しいと判断します。逆に確率が（ ⑤ ）よりも大きい場合は、（ ④ ）が（ ⑥ ）されず、仮定が正しいとはいえないと判断します。

18 データ分析 テキストデータの分析

1 テキストデータの分析

　SNS やニュース、ブログ、口コミ、小説や論文など、インターネット上にはたくさんの文字情報があふれています。近年、データサイエンスの分野では、膨大なテキストデータを分析して、そこから意味のある情報を導き出し、新たな価値を生み出す技術が注目されています。

　テキストデータは非構造化データに分類されます。これまでは、数値データと違って単純に計算できないため、分析処理は困難でした。しかし、近年はテキストマイニングなどの技術により、分析処理が可能となってきました。

2 テキストデータの分析ツール

・ワードクラウド…文章中に頻出する単語を選び出し、頻度に応じて大きさや色、フォントなどを変化させて表示する。

・共起ネットワーク…ある単語と同時に出現することが多い単語（共起語）のつながりを表示する。

▶ワードクラウド 　　▶共起ネットワーク

出典：ユーザーローカル AI テキストマイニングツール（https://textmining.userlocal.jp/）

3 クロス集計表とは

　クロス集計表とは、2 つ以上の質問項目の回答をかけ合わせて集計したものです。質的データと量的データを組み合わせることもでき、これでテキストデータの分析結果をわかりやすくまとめることができます。

▶質的データと量的データを組み合わせたクロス集計

NO	男子	女子
1	プログラミング	情報デザイン
2	データ分析	情報デザイン
3	情報デザイン	データ分析
4	データ分析	データ分析
5	データ分析	プログラミング
6	データ分析	情報デザイン
7	プログラミング	情報デザイン
8	プログラミング	プログラミング
9	プログラミング	情報デザイン
10	プログラミング	情報デザイン

性別の質的データと動画タイトルの質的データのクロス集計表

	男子	女子	合計
プログラミング	5	2	7
データ分析	4	2	6
情報デザイン	1	6	7
合計	10	10	20

動画の視聴回数や高評価数の量的データと動画タイトルの質的データのクロス集計表

動画のタイトル	視聴回数	高評価数
プログラミング	231	12
データ分析	198	8
情報デザイン	252	30
合計	681	50

練習問題

1 テキストデータについて説明しているものを1つ選びましょう。

　ア　長さや重さ、時間など数値のデータ

　イ　国の行政機関や研究所、企業が持つデータ

　ウ　音声・動画・画像などのデータ

　エ　文章などの文字情報のデータ

2 テキストマイニングの説明として誤っているものを1つ選びましょう。

　ア　数値データと違い、単純に計算できないので分析処理はできない。

　イ　誤字脱字など不要な部分を除去するデータクレンジングが必要である。

　ウ　単語を選び出して表示するワードクラウドの機能がある

　エ　単語のつながりを表示する共起ネットワークの機能がある。

3 次のデータ分析を表す図の、A・Bはそれぞれ何という分析手法か答えましょう。

A

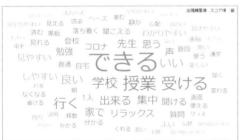

B

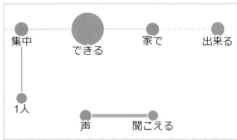

出典：ユーザーローカル AI テキストマイニングツール（https://textmining.userlocal.jp/）

4 次の文章の①〜⑥に当てはまる言葉を書きましょう。

　SNS やニュース、ブログ、口コミ、小説や論文など、インターネット上にはたくさんの文字情報があふれています。これを、（　①　）といって、これらは（　②　）化データに分類されます。（　①　）を分析する方法の1つに（　③　）があり、言語解析を通して、頻出するキーワードを抽出したり、キーワード間の関係を見出したりします。

　（　③　）ツールによる機能として、文章中で頻出する単語を選び出し、頻度に応じて大きさや色、フォントなどを変化させて表示する（　④　）、ある単語と同時に出現することが多い単語（共起語）のつながりを表示する（　⑤　）などがあります。

　また、質的データと量的データの回答を組み合わせた（　⑥　）で結果をわかりやすくまとめることができます。

 テキストマイニングツールは、アンケートの自由記述欄の分析をするときにも便利です。左ページに掲載しているワードクラウドと共起ネットワークの例は、「オンライン授業のよかった点」というアンケート項目の答えを、分析した例です。

1 下のネットワーク図と会話文を踏まえ、（1）〜（4）に答えなさい。

> カンキさん「一人暮らしを始めたけど、住み始めた家にインターネットが来ていないから、まずは (a) インターネットへの接続を提供する事業者に連絡をしないと」
>
> サイトウさん「そうなんだ。そういえば家の LAN を構築するために必要な機材はそろえたの？」
>
> カンキさん「(b) ルータとハブと (c) アクセスポイントは用意できているよ。ハブとアクセスポイントはルータと有線で直接、接続するようにしたよ」
>
> サイトウさん「あと、いろんな情報機器もインターネットに接続するつもりだよね」
>
> カンキさん「うん、iPad・プリンタ・スマートスピーカーは無線接続。テレビとノートパソコンは有線接続するつもりだよ」

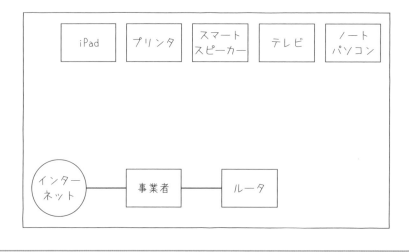

（1）下線 a のインターネットへの接続を提供する事業者を何というか、答えなさい。

（2）下線 b のルータにはどのような機能があるのか、答えなさい。

（3）会話文の内容を踏まえ、上記のネットワーク図にアクセスポイントとハブを追加しネットワーク図を完成させなさい。なお有線は実線、無線は点線で書きましょう。

（4）下線 c の機器に接続したら、右図のように鍵マークのある Wi-Fi と鍵マークのない Wi-Fi が出てきた。この鍵マークのない Free Wi-Fi は、通信においてどのようなリスクがあるか答えなさい。

2 次のデータは、とある高校の1組と2組の生徒の、情報Iのテストの点数のデータである。これらのデータに基づいて、（1）〜（4）に答えなさい。

> 1組：40, 50, 55, 60, 65, 70, 70, 75, 80, 85, 90
> 2組：50, 55, 60, 65, 70, 70, 75, 80, 85, 90, 95, 95, 100

（1）1組と2組のデータの中央値、第1四分位数、第3四分位数、最小値、最大値を、それぞれ求めなさい。

（2）第3四分位数から第1四分位数を引いた値を四分位範囲といい、四分位範囲が広いほど、データのばらつきが大きいといえる。1組と2組のデータの四分位範囲をそれぞれ求めなさい。

（3）1組と2組の成績について、箱ひげ図を書きなさい。

（4）上記で作成した箱ひげ図から読み取れることとして、誤っているものを1つ選びなさい。
　　ア　2組の成績の中央値は、1組の成績の中央値よりも高い。
　　イ　2組の成績の四分位範囲は、1組の成績の四分位範囲よりも広い。
　　ウ　2組より1組のほうが、データにばらつきがある。
　　エ　1組の最大値より、2組の第3四分位数のほうが高い。

練習問題&チャレンジ問題 解答例

バシー

PART 1　情報社会の問題解決

1 情報とメディアの特性

1．情報：ア　データ：ウ

2．イ

3．A：ウ、カ　B：ア、オ　C：イ、エ（ウ、カ ※ 記録メディアも伝達のために用いれば、伝達メディアの1つということもできる）

4．①データ　②情報　③残存性　④複製性　⑤伝播性 ⑥メディア

2 情報モラルと個人の責任

1．ウ

2．イ

3．ア
〈解説〉単純なグラフであることがポイント。デザインの工夫がされている場合は、そのデザインに権利が発生する。

4．①エ　②ウ　③ア　④イ

3 問題解決の流れ

1．ウ

2．イ
〈解説〉ただし、問題解決の手順については媒体によってさまざまな説明の仕方があるため、言葉を暗記するのではなく、どのような流れであるかを意識することが必要。

3．①アンケート調査　②インターネット　③オープンデータ　④可視化　⑤データ分析　⑥シミュレーション

4 発想法

1．エ

2．A：エ　B：ア　C：ウ　D：イ

3．A：ウ　B：ア　C：イ

4．①KJ法　②マインドマップ　③MECE　④ロジックツリー

5 個人情報と個人情報保護法

1．ウ

2．エ

3．ア

4．①個人情報保護法　②個人情報　③肖像　④プライ

6 知的財産権（著作権と産業財産権）

1．ウ

2．イ

3．A：イ　B：ア　C：エ　D：ウ

4．引用

7 不正アクセス禁止法

1．ア

2．A：ウ　B：ア　C：イ

3．A：ア　B：ウ　C：イ

4．①ウイルス対策ソフトウェア　②パスワード　③指紋　④多要素認証

8 情報セキュリティ

1．①ソフトウェアのアップデート　②ファイアウォール　③電子署名　④暗号化

2．イ

3．A：可用性　B：完全性　C：機密性

9 情報技術の発展

1．イ

2．ウ

3．A：仮想現実（VR）　B：拡張現実（AR）　C：拡張現実（AR）

4．①狩猟　②農耕　③工業　④情報

10 情報技術の課題と未来

1．ウ

2．イ

3．A：ウ　B：イ　C：ア　D：エ

4．①ビッグデータ　②AI（人工知能）　③データサイエンス　④Society5.0

PART 1　チャレンジ問題

1．（1）オ→ウ→エ→イ→カ→ア

（2）①理想　②現実

（3）批判の禁止（他の人の発言を批判しない）、便乗の奨励（他の人の発言に便乗した改善案を歓迎する）、制約を設けない（遠慮しないで自由に発言できる）、質より量（質にこだわらず、量を重視する）　※順番は問わない

（4）カードに書き出したアイデアを関連あるものどうしのグループにまとめ、問題の構造や関

連を把握する手法

（5）ア：人間に代わりコンピュータが、言語の理解や推論、問題解決などの知的行動を行う技術。

イ：（例）年齢や障害などによる労働や行動の制約の課題を、AI を搭載したロボットや自動走行車が支援することで、人の可能性を広げる。

2．（1）個人情報保護法

（2）機密性：アクセス権がある人のみアクセスできる状態。

完全性：情報が正確である状態。

可用性：障害があったとしてもデータにアクセスできる状態。

（3）ウ

PART 2　情報デザインとコミュニケーション

❶ メディアの変化

1．エ

2．同期的：ア、ウ、オ、カ　非同期的：イ、エ

3．①コミュニケーション　②メディア　③WWW（またはワールドワイドウェブ）　④ブロードバンド　⑤メディアリテラシー

❷ コミュニケーションとインターネット

1．イ

2．ウ

3．ア

4．残存性：イ　複製性：ア　伝播性：ウ

5．①匿名　②記録　③トレードオフ　④信憑　⑤炎上　⑥フェイク

❸ 情報伝達技術の発展

1．エ

2．イ

3．エ

4．① ARPANET（またはアーパネット）　②パケット　③ブロードバンド　④パーソナル　⑤情報格差（またはデジタルデバイド）　⑥ユニバーサルサービス

❹ アナログとデジタル

1．イ

2．アナログ：ア、ウ　デジタル：イ、エ

3．エ

4．①アナログデータ　②デジタルデータ　③デジタル

化　④2進法　⑤ビット（または bit）　⑥バイト（または byte、B）

❺ 2進法と16進法

1．ウ

2．ウ

3．ウ

4．ア：8　イ：1000　ウ：3　エ：9

5．①データ量（または情報の量）　②ビット（または bit）　③バイト（または byte、B）④キロバイト（または kB）　⑤10進法　⑥2進法

❻ 2進法の計算

1．①10進数　②2進数　③16進数　④2の補数

2．ア：$10001_{(2)}$　イ：$11010_{(2)}$　ウ：$100000_{(2)}$
エ：$3_{(10)}$　オ：$14_{(10)}$　カ：$21_{(10)}$

3．ア：$01011111_{(2)}$　イ：$10100100_{(2)}$
ウ：$11101101_{(2)}$　エ：$E5_{(16)}$　オ：$D8_{(16)}$
カ：$BA_{(16)}$

4．ア：$1111_{(2)}$　イ：$1011_{(2)}$　ウ：$0100_{(2)}$

5．ア：$1110_{(2)}$　イ：$1000_{(2)}$　ウ：$1001_{(2)}$
〈解説〉1100-0011 = 1100+1101 = 11001
ただしビット長は4桁であるため1001。1つ目の式変形では、-0011を +1101にしている。これはマイナスを2の補数表現を使っている。補数の求め方は「①ビット反転（0,1反転）→②プラス1」である。これで加算のみの表現になったため、11001が求まる。ただしビット長は4桁のため5桁目は消失する。よって1001になる。

❼ 文字のデジタル化

1．ア

2．2進数：1101000、1100101、1101100、1101100、1101111
16進数：68、65、6C、6C、6F

3．3.2kB

4．①文字コード　②文字コード体系　③ASCII（またはアスキー）　④Unicode（またはユニコード）　⑤エンコード　⑥デコード

❽ 音のデジタル化

1．標本化：ウ　量子化：ア　符号化：イ

2．11、110、1000、1、100、10、10、11、100、110

3．40000Hz

4．約11MB

〈解説〉44100Hz ×16ビット ×2チャンネル＝1411200ビット。1411200ビット ÷8＝176400B。176400B ÷1000 ÷1000＝0.1764MB。これは1秒あたりのデータ量なので、1分間のデータ量にするために60倍して、0.1764MB ×60＝10.584MB。

5．①標本化（またはサンプリング）　②標本化周期　③標本化周波数（またはサンプリング周波数）　④標本化定理　⑤量子化　⑥量子化ビット数　⑦符号化

9 画像のデジタル化

1．標本化：ア　量子化：ウ　符号化：イ

2．エ

3．ア

4．2359kB

〈解説〉1画素あたりのデータ量は、8ビット ×3色＝24ビット。24ビット ×1024 ×768＝18874368ビット。18874368ビット ÷8＝2359296バイト。2359296バイト ÷1000＝2359.296kB。

5．①画素　②解像度　③階調　④ペイント　⑤ラスタ　⑥ドロー　⑦ベクタ　⑧光　⑨加法　⑩色　⑪減法

10 動画のデジタル化

1．イ

2．エ

3．最新ゲーム機：ウ　監視カメラ：ア　テレビ：イ

4．1800MB

〈解説〉1MB ×30fps ×60秒＝1800MB。1MBの画像が1秒間に30枚、これが60秒間あるということ。なお1MB=1000kB であり、M には「×1000000(10^6)」の意味がある。

5．①フレーム　②フレームレート　③フレーム内圧縮　④フレーム間圧縮

11 データの圧縮

1．イ

2．ウ、イ、ア

3．6%

〈解説〉49 ÷842 ×100＝5.819…

4．C24B2C8B1C8A3C6A5C5A5C5A5C6A3C14

5．①可逆圧縮　②非可逆圧縮　③展開（または解凍）　④ランレングス法　⑤ハフマン符号化

12 情報デザイン

1．ア

2．エ

3．抽象化：イ　可視化：ウ　構造化：ア

4．①情報デザイン　②抽象　③可視　④構造

13 ユニバーサルデザイン

1．イ

2．ア

3．①ユニバーサルデザイン　②カラーユニバーサルデザイン　③カラーバリアフリー　④ユーザインタフェース　⑤ユーザエクスペリエンス　⑥アクセシビリティ　⑦ユーザビリティ

14 デザイン思考に沿った情報デザインの制作の流れ

1．ア

2．ア

3．イ

4．①デザイン思考　②共感　③定義　④発想　⑤試作　⑥検証

PART2　チャレンジ問題

1．①標本　②量子　③符号

2．①赤・緑・青　②光　③白　④シアン・マゼンタ・イエロー　⑤色　⑥黒

3．ア○　イ○　ウ×　エ○

4．①2列目の3行目　②2列目の黒の数が1、3行目の黒の数が1で奇数だから。

5．ア：43　イ：10111　ウ：1A　エ：A2B4C2A4　オ：10

PART 3　コンピュータとプログラミング

1 コンピュータの構成とハードウェア

1．ア

2．ウ

3．A：入力装置　B：主記憶装置（またはメインメモリ）　C：出力装置

4．①ハードウェア　②入力装置　③記憶装置　④演算装置　⑤出力装置　⑥制御装置　⑦CPU（または中央処理装置）　⑧主記憶装置（またはメインメモリ）　⑨補助記憶装置　⑩ソフトウェア

2 ソフトウェア

1．エ

2．イ

3．イ

4．ウ

5．①ソフトウェア　②応用ソフトウェア（またはアプリケーションソフトウェア）③基本ソフトウェア　④周辺機器　⑤タスク

③ CPUとメモリ

1．ウ

2．イ

3．ウ

4．①主記憶装置（またはメインメモリ）②クロック信号　③クロックジェネレータ　④クロック周波数

④ 演算の仕組み

1．①真理値　②論理演算　③論理回路　④AND回路　⑤OR回路　⑥NOT回路（④～⑥の順番は問いません）

2．AND回路

A	B	X
0	0	0
0	1	0
1	0	0
1	1	1

OR回路

A	B	X
0	0	0
0	1	1
1	0	1
1	1	1

NOT回路

A	X
0	1
1	0

3．ア：OR回路　イ：NOT回路　ウ：AND回路

⑤ アルゴリズムのつくりと表現

1．①アルゴリズム　②プログラム　③順次構造　④分岐構造　⑤反復構造（③～⑤の順番は問いません）

2．A：イ　B：エ　C：ウ　D：ア

3．A：ア　B：エ　C：ウ　D：イ

⑥ アルゴリズムの表現方法

1．①アクティビティ図　②状態遷移図　③イベント

2．A：ウ　B：ア　C：イ　D：エ（C、Dの順番は問

いません）

3．A：50円　B：0円　C：100円

⑦ 変数と演算①

1．①変数　②代入　③データ型

2．イ

3．ア

4．イ

⑧ 変数と演算②

1．イ

2．イ

3．A：イ　B：カ　C：ウ　D：ア

⑨ 変数と演算③

1．ウ

2．ア

3．A：イ　B：エ　C：オ

⑩ 配列とリスト

1．ウ

2．イ

3．A：イ　B：ア　C：カ

⑪ 乱数と関数

1．①乱数　②関数　③引数　④戻り値　⑤組み込み関数　⑥ユーザ定義関数　⑦API　⑧Web API

2．A：カ　B：エ　C：ウ　D：イ

⑫ モデル化

1．静的モデル：イ　確率モデル：ア　確定モデル：ウ

2．物理モデル：イ、エ　図的モデル：ウ
数理モデル：ア

3．①モデル　②物理モデル　③図的モデル　④数理モデル　⑤動的モデル　⑥静的モデル　⑦確率モデル　⑧確定モデル　⑨シミュレーション

⑬ モデル化とシミュレーション①

1．A：ア　B：ウ　C：オ

2．A：イ　B：ア　C：ウ　D：オ

3．イ

⑭ モデル化とシミュレーション②

1．A：54　B：604　C：721　D：57
〈解説〉Aの到着間隔は、120×乱数なので120×

0.45＝54。Bの到着時刻は、10人目の到着時刻に到着間隔を足すので、550＋54＝604。Cの対応終了時刻は、対応開始時刻に60秒を足すので、661＋60＝721。Dの待ち時間は、対応開始時刻から到着時刻を引くので、661-604＝57。

2．ウ

3．ア

⑮ モデル化とシミュレーション③

1．A：ア　B：オ　C：カ

2．A：ウ　B：エ　C：カ

⑯ モデル化とシミュレーション④

1．A：2000　B：20　C：-1　D：1500　E：21
F：0
〈解説〉13人目は、乱数が0.73なので「①千円札2枚の支払いで500円硬貨1枚の釣り銭を求める」パターン。よって、Aの支払いは2000円。Bは、千円札2枚が追加されるので、18+2＝20。Cは、500硬貨1枚が釣り銭としてなくなるので、0-1＝-1。14人目は、乱数が0.43なので「②千円札1枚と500円硬貨1枚で支払う」パターン。よって、Dの支払いは1500円。Eは、千円札1枚が追加されるので、20+1＝21。Fは、500円硬貨1枚が追加されるので、-1+1＝0。

2．イ

PART3　チャレンジ問題

1．エ

2．エ

3．エ

4．ア

PART 4　情報通信ネットワークとデータの活用

① ネットワークの構成

1．ウ

2．エ

3．A：エ　B：ア　C：イ　D：ウ

4．①コンピュータネットワーク　②情報通信ネットワーク　③ハブ　④アクセスポイント　⑤ルータ　⑥LAN　⑦WAN

② さまざまな接続形態

1．イ

2．ア

3．エ

4．①有線LAN　②無線LAN　③ハブ　④アクセスポイント　⑤公衆無線LAN　⑥認証　⑦暗号化

③ プロトコルとIP

1．エ

2．ア

3．A：イ、ウ　B：ア、エ

4．A：ウ　B：ア　C：エ　D：イ

④ データ転送の仕組み

1．エ

2．①イ　②ウ　③ア　④エ

3．①URL　②ドメイン名　③DNS　④DNSサーバ　⑤ドメイン解決

4．イ、ウ

⑤ ネットワークのセキュリティ

1．ア：静脈認証　イ：指紋認証　ウ：虹彩認証

2．パケットフィルタリング

3．①ファイアウォール　②ウイルス対策ソフトウェア　③アップデート　④セキュリティホール　⑤認証　⑥生体認証　⑦多要素認証

⑥ 共通鍵暗号方式と公開鍵暗号方式

1．ウ

2．イ、エ

3．A：ウ　B：ア　C：エ　D：イ

4．①暗号化　②鍵　③平文　④復号　⑤共通鍵暗号　⑥公開鍵暗号　⑦認証局

⑦ 暗号化と認証技術

1．ウ

2．イ

3．ア：公開鍵　イ：電子証明書（またはデジタル証明書）　ウ：ハッシュ値　エ：秘密鍵

⑧ 情報システム

1．イ

2．ア

3．A：GPS　B：ETC

⑨ データベース

1．エ

2．ウ

3．ア：データベース　イ：30,000　ウ：10,000

4．A：エ　B：ア　C：ウ　D：イ

⑩ データベース管理システムとデータモデル

1．ア

2．イ

3．A：機密性、イ　B：完全性、ア　C：可用性、ウ

4．①データベース　②DBMS（データベース管理システム）　③問い合わせ（query）　④データモデル　⑤RDB（リレーショナルデータベース）　⑥構造化データ　⑦非構造化データ　⑧NoSQL（ノーエスキューエル）

⑪ データの形式

1．エ

2．ウ

3．A：イ、カ　B：ウ　C：エ　D：ア、オ

4．①質的データ　②量的データ　③名義尺度　④順序尺度　⑤間隔尺度　⑥比例尺度　⑦欠損値　⑧外れ値

⑫ データの関係

1．エ

2．ア

3．A：ウ　B：イ　C：ア

4．A：ヒストグラム　B：散布図　C：クロス集計表

5．①相関関係　②因果関係　③交絡因子　④疑似相関

⑬ 量的データの分析手法①

1．イ

2．ウ

3．ウ

4．中央値：3.5　最頻値：1

⑭ 量的データの分析手法②

1．エ

2．A：負　B：正

3．①偏差　②分散　③標準偏差　④共分散

⑮ 量的データの分析手法③

1．イ

2．ア：中央値　イ：第1四分位数　ウ：第3四分位数

3．ア：66　イ：34　ウ：32

4．ア：6　イ：7　ウ：5　エ：9.5

オ

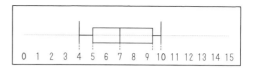

⑯ 量的データの分析手法④

1．エ

2．①回帰分析　②回帰直線　③残差

3．1606円

⑰ 統計的検定

1．ウ

2．ウ

3．A：母集団　B：抽出　C：標本

4．①標本調査　②統計的検定　③仮説検定　④帰無仮説　⑤有意水準　⑥棄却

⑱ テキストデータの分析

1．エ

2．ア

3．A：ワードクラウド　B：共起ネットワーク

4．①テキストデータ　②非構造　③テキストマイニング　④ワードクラウド　⑤共起ネットワーク　⑥クロス集計表

PART 4　チャレンジ問題

1．（1）ISP（またはインターネットサービスプロバイダ）

（2）異なるネットワークどうしを接続し、データを中継する機能

（3）※一例として

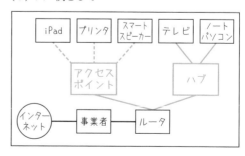

（4）鍵マークがついていないWi-Fiは通信が暗号化されていないため、パスワードなどを入力すると、第三者から内容が見えてしまうリスクがある。

2. (1)

	中央値	第1四分位数	第3四分位数	最小値	最大値
1組	70	55	80	40	90
2組	75	62.5	92.5	50	100

(2) 1組：25　2組：30

(3)

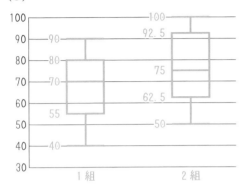

(4) ウ

意味つき索引

数字、アルファベット

1の補数 ································ 38
その数を補う（足す）と1になる数。2進法の場合、0、1を反転させた数で、元の値に足すとすべて1になる。

10進法 ······························ 36、38
10ごとに繰り上がる数の記述法。0～9の数字で数を表現する

16進法 ······························ 36、38
16ごとに繰り上がる数の記述法。0～9の数字と、A～Fの文字で数を表現する

2進法 ·························· 34、36、38、64
2ごとに繰り上がる数の記述法。0と1の数字で数を表現する

2の補数 ································ 38
その数を補う（足す）と2になる数。2進法の場合、ある自然数に足したとき桁上がりする最小の数

AI ································ 22、24
人工知能と呼ばれ、人間のような知的作業をする機械を工学的に実現する技術

AND回路 ································ 64
論理積回路。入力がすべて1のときだけ、出力が1になる回路

ARPANET ································ 32
1964年に障害に強い通信を実現しようとしたネットワークで、通信経路を複数用意し、通信経路のある箇所に障害が起きても、通信が途絶えないようにしたもの

ASCII ································ 40
米国規格協会によって定められた、最も基本的な文字コード

CMYK ································ 44
シアン（C）、マゼンタ（M）、イエロー（Y）、ブラック（K）で色を表現する手法で、印刷物などに使用される。ブラック以外の3色は色の3原色ともいう

CPU ·························· 34、58、60、62
中央処理装置。コンピュータにおける頭脳のような役割を行う装置

DBMS ································ 110
Data Base Management System。データベース管理システム。データベースを操作するためのシステム

DNS ································ 98
Domain Name System。IPアドレスをドメイン名で表す仕組み

DNSサーバ ································ 98
IPアドレスをDNSに自動的に変換するサーバ

ETC ································ 106
Electronic Toll Collection System。自動料金収受システム。高速道路にて自動で料金収集を行う仕組み

GPS ······························ 14、106
Global Positioning System。全地球測位システム。人工衛星を利用して現在の位置を確認できる

ID ·························· 18、94、100
個人を識別する文字列。一般的にはメールアドレスや携帯電話番号などが使用される

IoT ································ 22、24
Internet of Things。モノのインターネットのことで、モノから得たデータをネットワークで共有する技術

IPアドレス ······························ 96、98
情報通信機器に割り当てられた、通信相手を識別するためのネットワーク上の番号

ISP ································ 92
Internet Service Provider。インターネットへ接続するためのサービスを提供する事業者

JIS ································ 40、64
日本産業規格。日本の産業製品に関する規格などが定められた、日本の国家規格

KJ法 ································ 12
さまざまな意見や発言をカードに記入し、グループどうしの関係を分類してまとめていくことで、新しいアイデアを得る手法

LAN ·························· 92、94、104
Local Area Network。建物内などの限定されたエリアで構成されたネットワークを指す

MECE ································ 12
アイデアの重複や抜け漏れを防ぐため、ものごとを分解して、整理する手法

NoSQL ································ 110
音声、動画、画像など、そのままの形で格納できるデータベース

NOT回路 ································ 64
論理否定回路。入力が1だと出力が0、入力が0だと出力が1になる回路

OR回路 ································ 64
論理和回路。入力のどれか1つが1のとき、出力が1になる回路

OS ································ 60、100
Operating System。コンピュータ全体を制御するとともに、ソフトウェアとハードウェアの間をつなぐシステム

P2P ································ 94
→ピア・ツー・ピアへ

PCM方式 ································ 42
パルス符号変調と呼ばれ、「標本化→量子化→符号化」の3つの手順で、アナログデータをデジタルデータに変換する方式

POSシステム ······························ 106、108
販売時点情報管理システム。小売店において、どの商品がいくらでいくつ売れたかなどの販売情報や、商品をいくつ仕入れるかといった発注情報を、データベースを活用してリアルタイムで管理する仕組み

RDB ································ 110
Relational Database。表の形でデータを扱い、複数の表を関連づけるデータベース

RGB ································ 44
赤（R）、緑（G）、青（B）で色を表現する手法。コンピュータのディスプレイなどに使用され、光の3原色とも呼ばれる

SNS ·························· 8、14、24、28、126
Social Networking Service。インターネット上で人と人とのつながりや交流を楽しむコミュニティサービス

Society5.0 ································ 22、24
日本の未来の社会のコンセプトで、現実空間と仮想空間を高度に融合させるシステムによって、社会的課題の解決と経済発展を両立するとしている

SSL/TLS ································ 104
インターネット上でデータを暗号化して送受信する仕組み

TCP/IP ·· 96
インターネットの通信プロトコル（約束ごと）。インターネットプロトコルスイートとも呼ばれる

Unicode ··· 40
Unicode コンソーシアムが定めた、世界中の文字を網羅している文字コード

VDT 障害 ··· 24
ディスプレイを長時間集中して見続けることで発症する、目の疲れや肩こりなど。VDTはVisual Display Terminalsの頭文字

WAN ·· 92
Wide Area Network。点在する LAN と LAN を結んで構成する広域ネットワーク

Web API ·· 78
外部から提供されているサービスを、Web 上で通信して呼び出して、別のプログラムやサービスに利用する仕組み

Web サーバ ··· 98
Web ブラウザからの要求に応じて、Web ページのデータを送るサーバ

Wi-Fi ··· 92、94
IEEE802.11という国際規格によって定められた無線 LAN 通信の規格

WWW ··· 28、98
World Wide Web。インターネットで情報を共有するためのシステム。単に Web ともいう

あ

アクセシビリティ ····································· 52
「アクセスのしやすさ」と訳され、ものやサービスに触れる、より多くの人が利用できる状態にすることが目的

アクセスポイント ························· 92、94、104
スマートフォンやノートパソコンといった無線 LAN に対応した通信機器を、無線でネットワークに接続する中継器

圧縮 ·· 46、48
データの内容を変えずに元のデータより小さいファイルサイズにする処理

アップデート ···································· 20、100
ソフトウェアを更新してシステムを最新の状態にする処理

アナログ ··· 34、42
連続的に変化する量を、目に見える量で表現する方式

アプリケーションソフトウェア ····················· 60
→応用ソフトウェアへ

アルゴリズム ·························· 66、72、74、86
答えを出して終了する手順や規則を表現するもの

暗号化 ·························· 20、94、102、104
デジタルデータを第三者が見てもわからない状態にする処理

意匠権 ·· 16
物品等のデザインを保護する権利

因果関係 ··· 114
原因と結果の関係

引用 ·· 16
他人の文章などを自分の文章に用いること

エンコード ·· 40
データを特定の規則に従って変換すること。だいたいが0、1への変換

炎上 ·· 30
SNS などのコメント欄に批判や誹謗中傷が殺到する状態

オープンデータ ································· 10、112
国の行政機関や研究所、企業などが持つ公開データで、誰もが自由に利用できる

応用ソフトウェア ····································· 60
文書作成や動画編集など、特定の目的に応じて動作するソフトウェア

か

回帰分析 ··· 122
散布図において相関が認められるときに、求めたい要素の値に対し、他の要素がどの程度影響を与えているかを分析するための統計的手法。$y=ax+b$ の回帰直線で表す

回線交換方式 ··· 96
データを送受信する装置どうしを直接接続する通信方式

解像度 ·· 44
一定の長さの間に並ぶ画素の細かさの度合い

階調 ·· 44
画像のデジタル化において、量子化に用いる色成分の段階の数

可逆圧縮 ·· 48
圧縮前のデータと圧縮・展開の処理を経たデータが完全に等しくなる圧縮方法

拡張現実（AR） ······································· 22
人が知覚する現実の環境に、デジタルな情報を追加表示する技術

可視化 ·· 50
数値化されたデータをグラフなどでわかりやすく表現する手法

仮説検定 ··· 124
主張したいことが、よくありがちな結果か特別な結果かを調べること。母集団に対する仮説を立てて、標本から仮説がどの程度の確率で正しいかを調べる

画素 ·· 44
ピクセルともいい、画像を構成する最小単位

仮想現実（バーチャルリアリティ、VR） ··········· 22
仮想空間で、現実のような視聴や体験をする技術

加法混色 ·· 44
RGB の赤、緑、青の３色を混ぜて色を表現する方法で、３色を混ぜると白に近づく

可用性 ································· 20、100、110
システムに障害が起きても、システムが停止することなく稼働し続ける能力

カラーバリアフリー ··································· 52
色の差が見分けづらい人でも、色の差を感じられるような工夫

カラーユニバーサルデザイン ························· 52
ユニバーサルデザインの中でも、色の見え方・感じ方の個人差に配慮し、すべての人に正確に伝わるように工夫したデザイン

間隔尺度 ··· 112
温度や年号など、メモリが等間隔で数値の差に意味がある尺度。加算や減算ができる

関数 ·· 66、78
データを受け取り、決められた処理を実行し、その結果を返すまとまり

完全性 ················ 20、100、110
システムのデータが、過失や災害などで改ざんや破壊されない
ようにする能力

疑似相関 ································ 114
2つの変数の間に、交絡因子によって因果関係があるように見
えること

基本ソフトウェア ························ 60
ハードウェアの制御やデータの管理を行うソフトウェア

基本4情報 ······························· 14
個人情報の基本となる、氏名・性別・生年月日・住所のこと

機密性 ················ 20、100、110
システムの操作において、正当な権限を持った人しかアクセス
できない能力

共起ネットワーク ······················· 126
あるキーワードとよく一緒に使用されている単語のつながりを
表したもの

共通鍵暗号方式 ························· 102
データの暗号化と復号において、同じ鍵を用いる暗号方式

共分散 ································ 118
2組のデータ間の関係を表す数値で、2組のデータの偏差の積
の平均値

組み込み関数 ··························· 78
あらかじめプログラミング言語に定義されている関数

クライアント ··························· 94
サーバに対してサービスを要求し、サービスを受け取るコン
ピュータやソフトウェア

クライアントサーバシステム ············· 94
サービスを提供するサーバと、サーバにサービスを要求しサー
ビスを受け取るクライアントで構成されたデータ通信方式

クリエイティブ・コモンズ・ライセンス ····· 17
国際的に活動を行う非営利団体であるクリエイティブ・コモン
ズが策定したライセンス。著作者の意思を反映しながら著作物
の流通を図ることができる

クロス集計表 ···················· 114、126
2つ以上の質問項目をかけあわせて集計した表

欠損値 ································ 112
なんらかの理由により記録されなかったデータの値

減法混色 ······························· 44
CMYのシアン、マゼンタ、イエローの3色を混ぜて色を表現
する方法で、3色を混ぜると黒に近づく

公開鍵暗号方式 ························· 102
データの暗号化には公開されている公開鍵を使用し、復号には
公開されていない秘密鍵を使用する暗号方式

交換法 ································ 86
コンピュータのデータの並び替えのアルゴリズム。データを並
び替える際に、隣り合ったデータを比較して、その大小によっ
てデータを入れ替える方法

構造化 ································ 50
情報の要素どうしの関係性を見極めて、並列、順序、分岐、階
層などを用いて構造的に整理する手法

構造化データ ···················· 110、112
表の形で取り扱える、構造化されているデータ

高度道路交通システム（ITS） ··········· 106
道路、交通において事故や渋滞などの問題を解決するためのシ
ステム

交絡因子 ································ 114
結果に影響を及ぼす変数

個人情報 ···························· 14、30
ある情報に含まれる氏名や性別、生年月日、住所などで個人が
特定できるもの

個人情報保護法 ························ 8、14
個人情報を扱う企業や団体などが、適切に個人情報を管理・運
用する方法を定めた法律

コンピュータネットワーク ········ 92、94、96
コンピュータどうしを接続し、お互いにデータをやり取りする
仕組み

さ

サーバ ···················· 30、94、98
クライアントから要求されたサービスを提供するコンピュータ
やソフトウェア

最頻値（モード） ······················· 116
データの中で、最も頻度が高い値

産業財産権 ····························· 16
特許権、実用新案権、意匠権、商標権の4つの権利で、特許庁
に出願して発生する

残差 ································ 122
回帰分析において、xの値に対応するyの値とax+bの差

算術演算子 ····························· 70
プログラミング言語において、四則演算などを行う記号

残存性 ································ 6、30
情報の、消しても完全に消えない性質のこと

散布図 ···················· 114、118、122
2つのデータの間にどのような傾向があるか示した図で、デー
タが当てはまるところに点を打って示す

質的データ ······················ 112、126
名前や種類など、直接数値を測定できないために、データ間で
数値の計算ができないデータ

実用新案権 ····························· 16
商品の構造や形状にかかる考案を保護する権利

シミュレーション ········ 10、78、80、82、84、88
物事の結果を予測するために、モデルを用いて分析すること

主記憶装置（メインメモリ） ············ 58、62
CPUと直接データのやり取りを行う記憶装置

順次構造 ································ 66
上から下へ1つずつ順序通りに処理する構造

順序尺度 ································ 112
成績の順序など数値の順序に意味がある尺度。加算や減算が
できない

商標権 ································ 16
商品やサービスに使うマークや文字を保護する権利

情報格差 ···························· 24、32
インターネットやコンピュータを使える人と使えない人との間に
生じる格差。デジタルデバイドともいう

情報セキュリティ ············ 20、100、110
情報の機密性、完全性、可用性を確保し、いつでも安全に情報
を使える状態にすること

情報セキュリティポリシー ················ 20
組織全体における情報セキュリティの基本方針や対策基準をま
とめたもの

情報通信ネットワーク ……………………… 92、102
複数の情報通信機器（コンピュータ以外のものも含む）を接続
し、お互いにデータをやり取りする仕組み

情報デザイン ……………………………… 50、54
必要な情報が効果的に受け手に届くように、情報をわかりやす
くするデザインの手法

情報モラル ………………………………………… 8
情報社会で、情報を安全に正しく利用しようという態度のこと

真理値表 ………………………………………… 64
論理回路や論理式において、すべての入力と出力の結果を表で
表したもの

数理モデル ……………………………………… 80
事象を数式に置き換えて表現したモデル

図的モデル ……………………………………… 80
路線図のように、要素の関連を図で表現したモデル

スパイウェア …………………………………… 18
マルウェアの1つで、感染すると、コンピュータ内の情報を収集
し、外部へ送信する

セキュリティホール ………………………… 18、100
OS やアプリケーションにおける、セキュリティ上の欠陥

相関係数 ……………………………………… 118
2つのデータの関係性を示す指標で、正の相関が強いほど1に
近づき、負の相関が強いほど -1に近づく。0に近いほど、関係
性が弱い

ソフトウェア …………… 18、20、44、58、60、100
コンピュータを動かす命令を記述したプログラム

た

第1四分位数 ………………………………… 120
データの個数を4等分した場合の、25%の区切りの値

第2四分位数 ………………………………… 120
→中央値へ

第3四分位数 ………………………………… 120
データの個数を4等分した場合の、75%の区切りの値

多要素認証 …………………………………… 18、100
複数の認証技術を組み合わせた認証方法

知的財産権 …………………………………… 16
人の知的創作活動により生み出された成果について、一定期間
保護する権利で、著作権と産業財産権の2つで構成される

中央値（メジアン） ………………………… 116、120
データを小さい順番に並べたときにちょうど中央にくる値。偶
数の場合は真ん中の2つを足して2で割った値

抽象化 ………………………………………… 50
情報の注目すべき要素のみ抜き出して他は捨てて表現する手法

著作権 ………………………………………… 8、16
著作物を勝手に他の人に使用されない権利で、自然に発生する

データサイエンス …………………… 24、112、126
統計学や情報科学を利用し、大量のデータから規則性・関連性
を導き出し、新たな価値を生み出す手法

データベース ………………………… 100、108、110
一定の条件に当てはまるデータを集めて、使いやすいように整
理したデータ群

データモデル ………………………………… 110
データ相互の関係性を図や表に表したもので、これに基づいて
データベースが作成される

テキストマイニング ………………………… 126
テキストデータから新しい情報を抽出する分析手法

デコード ……………………………………… 40
エンコードされたデータを元の形式に戻すこと

デザイン思考 ………………………………… 54
ユーザの問題を解決するために活用する考え方の1つで、共感・
定義・発想・試作・検証といったプロセスを行ったり来たりし
て完成に近づける

デジタル …………………… 22、34、42、44、46
連続的に変化する量を、段階的に区切って数字で表現すること

デジタルデバイド …………………………… 24、32
→情報格差へ

展開 …………………………………………… 48
圧縮されたデータを元の状態に戻す処理

電子証明書（デジタル証明書） …………… 104
電子署名が本人のものであることを証明するもので、認証局が
発行する

電子署名（デジタル署名） ………………… 20、104
契約書といった紙の文書における印鑑やサインのように、その
デジタル文書を本人が作成したことを証明するための署名。
データ改ざんを防ぐ方法の1つ

伝播性 ………………………………………… 6、30
瞬時に情報を伝達できる性質のこと

統計的検定 …………………………………… 124
母集団に関する仮説を、標本から得た情報に基づいて検証する
こと

度数分布表 …………………………………… 116
集めた調査結果をいくつかのグループに区分し（階級）、それ
ぞれに属するデータの個数（度数）を記入したもの

特許権 ………………………………………… 16
発明を保護する権利

ドメイン解決 ………………………………… 98
DNS サーバが、IP アドレスを DNS に自動的に変換する機能

ドメイン名 …………………………………… 98
インターネット上で識別するための文字列で、URL 内における
「kanki-pub.co.jp」のような文字列の部分

ドロー系（ソフトウェア） ………………… 44
座標や数式でデジタル画像を表現するソフトウェアで、画像を
拡大しても粗くならずにきれいに見える

な

認証技術 …………………………… 18、20、100
セキュリティ確保のために、ユーザのアクセス権限や本人確認
を行う技術。ID やパスワードを使ったものから、指紋や虹彩と
いった生体情報を利用した生体認証もある

認証局 ………………………………………… 102、104
電子証明書（デジタル証明書）を発行する機関

は

ハードウェア ………………………………… 58、60
物理的に構成されたコンピュータの装置

バイト（byte、B） …………………………… 34、36
情報の量の単位で、1ビットが8つ集まった情報量

配列 ································· 76、86
プログラミングにおいて複数個のデータを順番に並べたデータ構造

パケット ····················· 32、96、100
データの伝送単位のことで、ネットワークではデータをパケットに分割してデータを送る

パケット交換方式 ················· 32、96
データをパケットに分割し、パケットを使ってデータをやり取りする通信方式

パケットフィルタリング ·············· 100
ファイアウォールの機能の1つで、パケットにつけられた情報を検査して、許可された通信のみ通過させる技術

箱ひげ図 ······················· 120
四角い箱の上下（または左右）にひげが生えている形をしているグラフで、中央値を基準とするデータの散らばり具合を表すことができる

外れ値 ························· 112
データの中で、他の値から大きく離れた値

パスワード ·················· 18、94、100
正しい利用者であるかどうかを確認するために用いられる確認用の文字列

ハッシュ関数、ハッシュ値 ··········· 104
入力されたデータを、別の値に変換して返してくれる関数。ハッシュ関数により出力された値をハッシュ値という

ハブ ························ 92、94
有線 LAN のケーブルを集積・延長する装置

ハフマン符号化 ··················· 48
データの出現頻度に着目した可逆圧縮法

半加算回路 ······················ 64
AND 回路、OR 回路、NOT 回路を組み合わせて、2 進法の 1 桁どうしの加算を行う回路

反復構造 ····················· 66、74
条件が成り立つ間、ループの開始から終了までの処理を繰り返す構造

ピア・ツー・ピア（P2P） ············· 94
サーバを介さずに、端末どうしを直接つなぎデータファイルを共有することができる通信技術

非可逆圧縮 ······················ 48
圧縮において、元のデータに戻せないが圧縮効率が高い圧縮方法

比較演算子 ··················· 70、74
プログラミング言語において、2 つの式や値などを比較するための記号

ピクトグラム ····················· 50
言葉で説明しなくても直感的に伝わることを目的にデザインされた絵文字や絵記号

非構造化データ ············· 110、112、126
音声、動画、画像など、構造化できないデータ

ヒストグラム ·············· 84、114、116
度数分布表を柱状に表したグラフ

ビッグデータ ················ 22、112、122
IoT などのさまざまな方法で集められ蓄積された膨大なデータのこと

ビット ·········· 34、36、40、42、44、46、48、96
コンピュータが扱うデータの最小単位で、2 進法で 0 か 1 を表す情報の量

標準偏差 ······················ 118
データがどの程度平均値のまわりにばらついているかを表す値

標本化 ······················ 42、44
アナログのデータを一定間隔で区切り値を抽出する処理

標本化周期 ······················ 42
デジタル化において、標本化する時間間隔のこと

標本化周波数 ····················· 42
デジタル化において、1 秒間に標本化する回数のこと

標本化定理 ······················ 42
アナログ信号を一定間隔でサンプリングする際に、正しく再構成するための条件を示す定理

標本調査 ······················ 124
標本（一部）から母集団（全体）の特性を推定する手法

比例尺度 ······················ 112
身長や体重など、数値の比率に意味がある尺度。四則演算ができる

ファイアウォール ·············· 20、100
外部ネットワークからの不正な侵入を防ぐ仕組み

フィルタリング ···················· 8
インターネット上の危険なサイト等へのアクセスを制限する機能

復号 ····················· 102、104
暗号化されたデータを読める状態に戻す処理

複製性 ······················· 6、30
情報の、短時間で大量に複製できる性質のこと

符号化 ·················· 34、42、44、48
量子化で得られた値を 2 進法に変換する処理

物理モデル ······················ 80
対象を小さな模型などで物理的に表現したモデル

フレーム ······················· 46
動画を構成する 1 枚 1 枚の静止画像

フレーム間圧縮 ··················· 46
フレームとフレームの間で変化している部分だけを記録して圧縮する方式

フレーム内圧縮 ··················· 46
1 枚 1 枚の静止画像を圧縮する方式

フレームレート ··················· 46
動画において 1 秒あたりに表示するフレーム数のことで、単位は fps

ブレーンストーミング ··············· 12
発想法の1つで、グループの中で思いつくままにアイデアを出し合う手法

フローチャート ············· 66、68、72、74
流れ図とも呼ばれ、定められた図形を用いて処理手順の流れを表現した図

プログラミング ·············· 66、76、78
プログラムコードを記述する作業

プログラム ·············· 8、18、58、62、66、70、72、74、76、78、82
コンピュータに対する命令文のかたまり

プロトコル ···················· 96. 98. 104
ネットワークでの通信の決まりごと

分岐構造 ···················· 66. 72
条件により処理が変わる構造

分散 ···················· 118. 124
データのばらつきの度合いを表す値

平均値 ···················· 116. 118. 120
すべてのデータの総和をデータ個数で割った値

ペイント系（ソフトウェア） ···················· 44
1つひとつの格子に色を塗りデジタル画像を表現するソフトウェアで、拡大するとドットの境界が見えるため粗く見える

ベクタ形式 ···················· 44
ドロー系ソフトウェアにおける表現方法で、座標や数式で画像を表現するため、拡大しても滑らかな画像に見える

ペルソナ ···················· 54
ユーザの調査を行ったうえでつくられた、実在しそうな架空のユーザ像

偏差 ···················· 118
個々の数値と平均値との差

変数 ···················· 70. 74. 76. 86
プログラムにおいて、文字列や数値などの値を格納するために使う名前のついた箱のようなもの

防災情報システム ···················· 106
さまざまなデータを集めて防災に役立てるためのシステム。防災無線や緊急地震速報、ハザードマップなどがある

母集団 ···················· 124
標本調査において、本来の調査対象となる全体の集団のこと

ボット ···················· 18. 100
マルウェアの1つで、感染すると、コンピュータを外部から操ることができる

ま

マインドマップ ···················· 12
アイデアやキーワードを図式化することで、イメージを膨らませて新しいアイデアを考え、整理していく手法

マルウェア ···················· 18. 100
コンピュータウイルスなどの不正なソフトウェアの総称

名義尺度 ···················· 112
性別や血液型など、区別するために数値を割り当てても、加算や減算ができない尺度

メインメモリ ···················· 58. 60. 62
→主記憶装置へ

メールサーバ ···················· 98
電子メールの送受信を行うサーバ

メディア ···················· 6. 28. 106
人と人が情報を伝達するときに媒介するすべてのもの

文字コード ···················· 40
コンピュータで文字を扱うために割り当てられた番号

文字コード体系 ···················· 40
文字と文字コードの対応

文字化け ···················· 40
エンコードとデコードで異なる文字コード体系を使用すると起きる現象で、デコードしたときに適正な文字が表示されないこと

モデル ···················· 10. 80. 82. 84. 88
物事の事象を単純化して表現したもの

問題解決 ···················· 10. 12. 24. 50
理想と現実のギャップを解決すること

や

ユーザインタフェース（UI） ···················· 52
利用者とコンピュータの間の情報の表示形式やデータ入力の方式

ユーザエクスペリエンス（UX） ···················· 52
製品やサービスを通じて利用者が得られる体験

ユーザ理解 ···················· 54
作り手が受け手のことをしっかりと理解すること

ユーザ定義関数 ···················· 78
プログラムの利用者が自分で定義する関数

ユーザビリティ ···················· 52
製品やサービスなどの使いやすさのこと

ユニバーサルサービス ···················· 32
すべての人が等しく受けられる公共的なサービス

ら

ラスタ形式 ···················· 44
ペイント系ソフトウェアにおける表現方法で、画素の濃淡で表現するビットマップ画像を扱うため、拡大するとギザギザが見える

ランサムウェア ···················· 18. 100
マルウェアの1つで、感染すると、コンピュータ内のファイルを暗号化し、復号を条件に金銭の支払いを要求する

乱数 ···················· 78. 84. 88
さいころの出目のように、規則性がない予測不能な数

ランレングス法 ···················· 48
同じ値が連続する箇所を短い符号に置き換える可逆圧縮の方法

量子化 ···················· 42. 44
標本化で抽出した値をあらかじめ決めた段階値に割り当てる処理

量子化ビット数 ···················· 42
音のデジタル化において、量子化に用いる段階の数のこと

量的データ ···················· 112. 116. 126
直接、計測器などで測定でき、データ間で数字の計算ができるデータ

ルータ ···················· 92. 94
異なるネットワークを中継する装置

ロジックツリー ···················· 12
MECE の考え方に基づいて、枝の形にすることで、物事を分解して整理する手法

わ

ワードクラウド ···················· 126
テキストマイニングの結果を、出現頻度が多い単語の文字を大きくし、品詞によって色を変えて表現する処理

※太字のページには、用語の解説が詳しく載っています。

おわりに
私たちのまわりには、情報技術があふれている！

　本書は、情報Ⅰの内容をわかりやすく解説するために、専門用語や難解な表現を優しい表現にしたり例え話で説明したりすることで、より深く理解できるよう配慮しました。また、結果的なアプローチや実践的な方法論にも焦点を当て、より実践的な知識を身につけることを目指しました。教科書の内容の省略された前後の文脈をカバーしているため、新たな発見があるかもしれません。また、**本書を読んでから教科書を読むことで、異なる視点から情報Ⅰの理解を深めることができます。**

　欲を言えば、本書の内容をもっと砕いて、あらゆる例えや身の回りの事例を載せたかったのですが、恐らく誰も手に取らないような分厚さの要点解説と問題集になってしまいます。それだけ、**情報Ⅰでは中高生、大学生、大人の社会の身の回りにありふれていることを扱っているといえます。**たとえば、「バイバイ」と言いながら手を振る動作を複数人にやってもらうと、みんなバラバラな角度と速度です。統一させるためには細かな指示が必要です。「右肩を中心に反時計回りに130度0.5秒間で回して、右肘を中心に反時計回りに45度0.5秒間で回して、右肘を中心に反時計回りに−45度0.5秒間回して、最後の2つを10回繰り返す」といった例は、まさにプログラミングです。情報Ⅰではコンピュータを扱ったりその中身を学びますが、**視点を変えたり例え話をすると、身のまわりのことばかりです。**ぜひ自分自身で視点を変えられるようになってくださいね。

　ちなみに、それらを活かせる機会の1つが入試や考査です。定期考査は、担当の先生によっては、暗記力や理解度のチェックテストになる場合があります。どの学問においても、最低限の理解と暗記が必要ですが、本書では、単語や理論の豆知識やストーリー、関連事項まで豊富に取り上げています。これらを自分の身のまわりのことを使った例え話で語ることができるようになると、より深い理解を促進することができます。先に私が例示したように、皆さんも何かに例えてみてください。

　また、本書で学んだことを積極的に実践し経験を積み重ねることが、共通テストにつながると考えられます。共通テストには、特有の対策が必要な部分もありますが、**その場で考えることができる能力が求められます。**本書で、その基礎ができあがるはずです。

　あなたの身のまわりを見渡せば、情報技術があふれています。本書で学んだ知識が、現代社会で必要とされる情報技術について深い理解を身につけることや、身のまわりのことを見る考え方の一部を身につけることの一助になるよう願っています。

御家雄一

編著者紹介

鎌田　高徳（かまだ・たかなり）

◉——神奈川県立横浜国際高等学校 情報科教諭。宮崎県都城市出身。

◉——国立都城工業専門学校卒。関西大学大学院総合情報学部にて教育工学と情報教育を学ぶ。平成28年に、高等学校の情報科の教員として神奈川県にて採用。

◉——前任校の神奈川県立茅ケ崎西浜高等学校では、平成28・29年度「国立教育政策研究所」教育課程研究指定事業（共通教科情報）の研究指定を受け、生徒にとって身近で切実な題材で問題解決型の授業を行い、生徒の主体性を引き出す授業を追求。授業では「身近で楽しそうな題材」を設定することにこだわっており、生徒からは「シンプルで具体例があってわかりやすい」と好評を博している。

◉——文部科学省が発行した高等学校情報科「情報Ⅰ」「情報Ⅱ」の教員研修用教材や、『高等学校情報科教科書』（日本文教出版）にて執筆も行う。情報教育の推進に全力を注いでおり、日々、日本中の情報科の先生と夜な夜なオンライン会議を行い、授業研究や教材研究に邁進している。著書に『高校の情報Ⅰが1冊でしっかりわかる本』（小社刊）がある。

御家　雄一（おいえ・ゆういち）

◉——東京都立南多摩中等教育学校 講師。青山学院大学ピクトグラム研究所 研究員。名古屋文理大学 情報メディア学部 非常勤講師。高校や大学で講師を行う傍ら、大学にて情報教育の研究を行っている。愛知県岡崎市出身。

◉——情報Ⅰの授業では、「教える」のではなく「体験」を重視しており、生徒が自発的に疑問を持てるような工夫を凝らしている。体験型の授業は生徒からの人気も高く、「1週間の授業で一番楽しみな授業」と言われるほど。

◉——情報教育についてまとめた「情報のサイト（ https://johono.site/ ）」の管理者でもある。

こうこう　じょうほういち　さつ　　　　　　　　　　　　もんだいしゅう
高校の情報Ⅰが1冊でしっかりわかる問題集

2023年6月19日　　第1刷発行
2024年9月2日　　　第4刷発行

編著者——鎌田　高徳／御家　雄一
発行者——齊藤　龍男
発行所——株式会社かんき出版
　　　　　東京都千代田区麴町4-1-4 西脇ビル　〒102-0083
　　　　　電話　営業部：03(3262)8011代　編集部：03(3262)8012代
　　　　　FAX　03(3234)4421　　　　　　振替　00100-2-62304
　　　　　https://kanki-pub.co.jp/
印刷所——シナノ書籍印刷株式会社